图解 **精益制造** *085*

艺术思维：

让人心里一动的产品设计

アート思考のものづくり

延冈健太郎 著

刘晓霞 译

人民东方出版传媒
People's Oriental Publishing & Media

东方出版社
The Oriental Press

前　言
Preface

本书的写作经过与目的

本书主张把"产品制造的艺术思维"作为日本企业的产品制造重新在世界上发挥主导作用所必需的经营哲学。这种经营哲学指导下的产品制造不迎合市场和用户，而是高举自己的理想，旨在打造能够带给人感动的产品。例如，马自达的魂动设计。与本书的主张一致的成功事例还有21世纪最大的创新企业——苹果公司，本书多处引用了该公司的事例。

马自达的魂动设计一直由其常务执行董事兼设计、品牌风格负责人前田育男领导（截至2020年末）。"造车如艺"，车不仅要卖得出去，更要一直追求设计的应有之姿。在表现自己所认为的理想的同时，创造出终极的美，以创造出超出用户预想的感动、能够青史留名的设计为目标。这是一场孤高的挑战，但迄今为止一直实现得很顺利。

笔者与前田先生是故交，通过与他的交流，笔者确信凝聚了他的思想的"艺术思维"正是日本制造业应当剑指的方向。2015年，我向他表达了我想做调查研究的想法，得到了他的协助。在那之后，除了前田先生，笔者在很长时间里还得以与近30名马自达职员进行了交流。本书最后列出了采访人员名单。

2016年，笔者在《一桥经济评论》杂志上发表了论文《马自达设计——造车如艺（Car as Art）》，这是最初的成果。笔者在这篇论文中将"艺术思维"与魂动设计相对应地做了论证。之后，由于魂动设计进一步发展，马自达不断积累了成功经验，笔者又数次追加采访调查，最终完成了本书。

笔者与前田先生有很多共同点。我们前后相差一年进入广岛市内的修道中学、修道高中就读，在那里度过了六年时光。进入马自达后，我们又一起在产品开发部负责产品企划。此外，在大学时代，我们都对汽车拉力赛很感兴趣，都曾驾车在山中的沙石路上来回飞驰。笔者原本想与他共著此书，但由于此次还包括学术性研究，因此还是以作为工商管理学者的笔者的分析为主。

本书虽然不是我们携手共著的，但得益于他多次应邀参与讨论，笔者才能在本书中介绍魂动设计的真正出众之处，才能向世人宣传"产品制造的艺术思维"，衷心地感谢他。

马自达常务执行董事前田育男

魂动设计获得了来自全球的专家、对汽车具有强烈执念的用户的高度评价。

2020年，"MAZDA3"获得了全球年度最佳设计车大奖（World Car Design of the Year）。这个奖项由全球汽车媒体从该年度全世界范围内发布的超过100款汽车里投票选出最佳设计车型。魂动设计是继 2016 年的"Roadstar"之后获奖的第二款车型。迄今为止，除了马自达以外，还没有其他日系车获得过该荣誉。

更令人高兴的是，前田先生荣获了由英国权威汽车杂志 *AUTOCAR* 主办的 2020 年度杰出设计师奖（Design Hero 2020）。全球知名设计师伊恩·卡勒姆（Ian Callum）曾获此殊荣，但东洋人获此荣誉尚属首次。

关于魂动设计的评价，值得一提的是，该设计在汽车的历史和文化一直引领世界潮流的欧洲获得了很高的评价。遗憾的是，魂动设计在日本国内的评价还处在上升阶段。当然，它在全世界的量产车企中已经是引领设计的先头集团，这是毋庸置疑的。

艺术思维——向世界传达产品制造理念

近年来，要创造的用户价值的内容从"物"转变为"事"，越来越复杂。以往能够用产品性能规格（如技术性能的高低等）明确表示的形式知识价值与用户价值相关联，给日本企业带来了竞争优势。但是现在，用户的体验价值

（User Experience，UX）成了事业成功的关键。

超出单纯的产品规格样式的部分对用户来说意义更大，如生活资料的实用性及设计、生产资料的解决方案等。关键不再是能够客观表现出来的"功能性价值"，而是用户主观上赋予其意义的"意义性价值"。

在体验价值被讨论的过程中，"设计思维"在欧美受到关注，引起了人们的注意。这是一种产品开发手法，结合了用户使用后才能理解的体验价值和情感价值，如使用感受和受欢迎的设计等。

然而，很多日本企业迟迟没有引进设计思维，即使引进了也无法充分发挥其作用。日本的企业似乎无法很好地适用起源于欧美的做法。

设计思维旨在解决用户的问题，提高体验价值，而日本的制造理念执着于创作完美的作品，重视匠人的技术。或许，二者真的不投缘吧。因此，本书主张日本的产品制造哲学应该向艺术思维的方向发展，而不是设计思维。

对于什么是艺术，不同的人有不同的理解。而且，方式方法不同也会产生不同的意义与解释。贯穿本书的"艺术"的功能，聚焦于"自己描绘理想并将其信念和理念创造性地表现出来"。为了避免含混的讨论,我建议从 SEDA^① 模式入手,从中描绘出包括设计思维和艺术思维在内的整体形象,明确定位并得出定义。

设计主要是为用户提供产品,艺术则是表达理想与信念。但是,由于本书的主题是企业经营,因此即使主张艺术思维要优先表现理想,最终也要考虑用户的感受。

不是被动地回应用户的要求,而是创新想法和意义,创造超出用户预期的喜悦、惊喜和幸福。从结果上来看,产品必须向用户提供超出迎合用户所产生的价值的价值。

以往,很多日本企业都会追求产品制造的理想。但近年来,他们一直被灌输"要生产畅销的、赚钱的产品,而不是优质产品"的理念,结果陷入了迷茫。产品制造的艺术思维旨在再一次自信地向全世界传达日本的制造理念。

请注意,本书所指的设计思维与艺术思维的差别并不意味着设计师的工作用的是设计思维,艺术家的工作用的是艺术思维。在理论上定义两者的不同之处,以对比的形式来丰富讨论,这才是本书的目的。

---

① 指科学(Science)、工程(Engineering)、设计(Design)和艺术(Art)。

例如，马自达主张"造车如艺"，但是设计师并没有把自己当成艺术家。设计师还是设计师，只是采用本书定义的艺术思维的思路来做设计。

此外，本书的目标不在于畅销，而在于长期被人阅读，以艺术思维来推进工作。以第Ⅱ部为例。这一部分专业性地讨论了 SEDA 模式与艺术思维，但想要了解马自达魂动设计的读者即使跳过这一部分也没有问题。

本书主要论述了马自达和前田育男先生对艺术思维的态度。换句话说，如果没有书末名单上的各位的大力支持，本书是无法完成的。尤其是宣传本部的町田晃先生和设计本部的田中秀昭先生，他们针对此次调查的整体安排和内容提出了非常有价值的建议。谨此，我衷心地向百忙之中抽出时间的各位表示诚挚的谢意。同时，我还要由衷感谢本次依然负责编辑工作的日经 BP 日本经济新闻出版本部的堀口祐介先生。

延冈健太郎

2020 年 11 月

目 录
Contents

I

第 II 部　SEDA 模式与艺术思维

第 3 章　SEDA 模式 / 041

第 4 章　设计工程师的重要性 / 056

第 V 部 综合性价值创造的经营管理

第 I 部

背　景

——日本企业应当瞄准的发展方向

首先，要说明艺术思维的必要性及其背景。20世纪80年代，日本的制造业一直领先全球，但在那之后却没有明确的前进方向。许多企业在数字及网络等技术上落后于人，没能占据平台，因此焦躁不安。但是，仅凭弥补不足、追赶流行趋势无法创造光明的未来。而当下，正是明确提出日本的制造理念并向世界宣传的时刻。

第1章主要讲述了与全球竞争环境和市场变化相关的重要节点。核心主题是介绍从物到事，也就是产品从功能性价值到意义性价值（体验价值）的变化，进而围绕日本企业没能跟上这一变化的现状，以及今后应当重视艺术思维的必要性来展开讨论。

第2章主要说明了在发展艺术思维方面向汽车行业学习的必然性，以及在此过程中马自达措施的可参考性。采用魂动设计以来，马自达的各款车型都受到了汽车爱好者、专家们的一致好评，并且接连不断地获得了多个奖项。

第1章 | **无声的用户价值**
——日本企业的生存之道

1 无声的意义性价值——由物到事

20 世纪 90 年代以后，产品制造的优秀标准发生了变化，日本企业的国际竞争力也开始下降。除了部分具有较高竞争力的电子零部件以外，日本企业在以数字、软件、网络等技术为核心的电子设备及 IT 相关行业中的存在感很低。当今时代非常重视高于技术和功能的体验价值，但是日本企业没有跟上时代的步伐，这是问题之一。

此外，以提高用户的体验价值为焦点的设计思维也没有得到普及，日本企业在用户价值的创新方面落后于人。今后，日本企业应当如何做？笔者认为首先要俯瞰现状，思考今后应当向什么方向发展。

从结论上来说，笔者主张以崭新的形式重新构建日本的制造哲学并向全球推广，而不是被全球的流行趋势所摆布。具体来说，就是不迎合用户，着力强化表现信念及哲学的"产品制造的艺术思维"。

①曾因制造业而强大的日本

20世纪80年代，日本企业研发、制造的产品不仅质量和完成度高，很少出故障，而且拥有多种功能，在全球拥有很高的人气。当时，日本的制造能力直接与产品力挂钩，电视机、相机、数码摄像机等日本制造的产品备受用户喜爱。功能丰富、故障率低等，这些容易用数字和目录表格标示出来的价值曾经非常重要。

除此以外，由于当时日本制造业的生产效率很高，且与欧美相比具备租金低廉、汇率有利等优势条件，日本企业能够以较低的成本研发、生产高质量的产品。综合来看，日本产品的功能性价值的竞争力比较高。

在那个时代，凝聚了日本企业心血的制造业受到了全球的尊重，为社会做出了贡献。由于日本历来具有执着于产品制造的国民性和文化，所以此次成功并非偶然，它表明根植于日本 DNA 里的制造哲学获得了行业的高度认可。

家电产品的构造往往很复杂，由很多零部件组成。因此，在产品开发、制造上，企业需要在设计与制造之间、多个零部件系统之间、与零部件企业之间进行各种调整。日本企业很擅长这种综合考虑各种关系并进行细致调整的"磨合"，这也是其能提高国际竞争力的一个原因（藤本，2004）。

②数字化、模块化导致竞争力下降

20 世纪 90 年代以后，功能性价值及成本仍然非常重要，但是产品制造的内容却发生了变化——数字化发展迅速，软件、网络左右产品力的时代到来了。同时，模块化、标准化也使产品的开发、制造更加简单。结果，单凭硬件的技术力无法再占据竞争优势。

以电视为例。液晶代替了显像管，只要灵活利用标准的零部件系统就能轻松进行产品的开发、制造。电脑的制造也是如此。通过组装标准模块零部件就能获得好的产品。由于产品制造变得越来越简便，日本的磨合能力没有了用武之地。结果，与固定费用、成本均低廉的亚洲各国相比，日本企业在包括价格在内的产品力上越来越落后。

左右产品力的技术从模拟发展到数字、从硬件发展到软件，日本企业在技术方面也落后于以美国为中心的世界领先企业。

除此以外，随着网络使用量的增加，掌握着行业标准的谷歌（Google）、脸书（Facebook）等平台企业掌握了主导权，导致无法引领平台的日本企业在国际上的存在感更低了。

在数字化、模块化、标准化的环境下，日本企业无法发挥优势，在成本竞争力方面也处于劣势。因此世界普遍认为，日本企业已经没有赢的可能了。实际上，日本企业曾经有过很多机会，只是没能把握住。

如今，电脑及液晶电视逐渐成为生活必备品，所有的企业都能生产。不仅是日本企业，发达国家的企业也几乎无法获得利益。

反过来说，成功的企业已经创造出了超出模块化、标准化的优秀价值。其中，生产制造的优势尚有做出贡献的余地。本书反复提到的苹果公司的成功案例就是一个典型代表。标准系统无法实现的、功能之上的高度的用户价值是企业成功最重要的因素。

③体验价值、意义性价值催生创新优势

在数字化时代的变革潮流中，用户价值越来越隐性化。超越诸如技术规格、产品功能等能够用文字或数字来表达的无声的价值逐渐成为企业成功的关键。例如，便利性、设计等不再是客观标准所决定的功能性价值，而是用户主观上赋予其意义的意义性价值。关于意义性价值的严格定义，我将在第 3 章 SEDA 模式中详细说明。

随着时代的发展，任何人都能开发、生产出具备令用户满意的基本功能的产品，因此意义性价值、体验价值作为产品差别化的源泉越来越重要。而在技术发生变化的同时，对用户价值的要求也发生了重大变化。

率先引入全新的用户价值的是苹果公司，其近年来最成功的产品 iPhone 手机是一个典型代表。从产品性能和规格上来看，与使用安卓等其他操作系统的智能手机相比，iPhone 手机并没有明显的差别。设计、简练的质感、压倒性的易操作性等，这些意义性价值才是它成功的关键。

从结果上来看，根据调查公司 IDC 的数据，即使 iPhone 手机顶峰时的平均价格是竞争机种的 2 倍以上，也有很多狂

热粉丝购买。在购买台数上，安卓手机占优势的地区有很多，但按照综合利润来比较，iPhone 手机要多得多。

为了创造出产品的意义性价值，企业必须抓住用户的五感①。只有深入人们的内心，触碰到人们感性的部分及情绪，才能产生这种精细的价值。所以说，仅凭数字技术或标准零部件是很难实现的。后面会讲到，iPhone 手机的美观及使用舒适度需要精细的模拟价值创造。

随着数字化的发展，创造无法被模仿的高度的用户价值需要坚持使用模拟技术。但如此一来，技术的数字化和用户价值的模拟化的两面性就在某个层面造成了日本企业的混乱。

2 "设计思维"的兴起

随着用户价值的隐性化，"设计思维（Design Thinking）"成为备受关注的经营手法，并在全世界得到普及。这一概念最早出现在 1987 年哈佛大学教授彼得·罗（Peter Rowe）出版的著作《设计思维》（*Design Thinking*）中，主要论述了建筑设计问题的解决过程。

---

① 五感指视觉、听觉、触觉、味觉、嗅觉。——译者注

进入 20 世纪 90 年代，设计思维迅速在全世界普及。创立硅谷设计战略公司 IDEO 的大卫·凯利（David Kelley）提出把设计思维作为产品开发的思考方法。此后，该公司总裁兼 CEO 蒂姆·布朗（Tim Brown）写的《设计思维改变世界》（*Change by Design：How Design Thinking Transforms Organizations and Inspires Innovation*）成为畅销书，很多企业引进了这种思考方法。

此处所说的设计指的不是狭义的构思，而是广义的使用。从以人为中心的角度来看，这是一种实现产品开发的思维方式，体现了用户使用时的真正价值，即体验价值。此外，还包含对产品开发手法和过程的具体说明。

接下来，笔者将简要说明我所解释的设计思维的部分要点。

理解用户的体验价值不一定必须了解产品需要具备什么功能，但是必须能与用户共情。换句话说，通过问卷调查了解用户想要什么功能是行不通的。即使询问用户喜欢什么样的体验价值，企业也无法用语言很好地解释它。因此，企业需要通过与用户的共同体验来产生共鸣。

在这一背景下，最有效的调查方法之一是行为观察调查，其以文化人类学、社会学等经常使用的学术方法（人种学调查）为基础。

认真观察用户使用产品的情景就会发现，连用户自己也没有意识到，为了正确使用产品，他们需要多次反复翻看说明书，很费工夫，甚至会不自觉地流露出一副很难用的表情。这意味着产品的使用感受和体验价值很差，需要进行改善。

用户难以对这种经营价值进行分析，或者向他人说明。很多情况下，他们根本意识不到使用过程中是什么感受。因此，与其询问用户，行为观察调查的结果更能作为创造优秀体验价值的参考。

产品开发的中间评估环节也需要包含体验价值。作为目标，体验价值的完成情况无法用数字或规格来检测。因此，企业要尽可能迅速地制作模型来评估使用价值。一旦发现问题，就要改良模型再次进行测试。这样多次重复操作、反复试验，最终才能开发出优秀的产品。

这里说明的只是整体中的一小部分，而将这种思考方法和过程系统化的就是起源于 IDEO 公司的设计思维。

3 日本企业的问题与出路——超越体验价值的感动价值

虽然设计思维备受全球关注，但是在日本并没有得到普及。尤其是大规模制造型企业，它们似乎很难顺利引进设计思维的思考方法。除此之外，向体验价值等无声价值的转变也并未从根本上取得成功。尽管有很多企业提倡要"从物到事"进行变革，但也仅停留在喊口号的层面上。

日本企业不擅长管理无法用语言或数字表示的价值，甚至连开发目标也无法顺利设定。在共识经营管理中必须明确相关人员能够共享的目标，但意义性价值很难做到这一点。

以智能手机为例。日本企业通常很擅长完成明确的目标，如提高相机像素使其翻倍、重量减半等。以提供优于竞争对手的规格为目标，开发部门与生产部门团结一致完成任务，日本企业很擅长这种模式。

但是，日本企业不擅长设定无法用数字表示的意义性价值，更无法将其落实到组织流程和管理上。

在用户价值的隐性化愈发显著的今天，需要一种全新的组织流程。为此，日本企业必须引进在世界范围内广泛使用的、基于设计思维的体验价值的管理方法。我不否认这一点非常重要，但是仅凭这一点是不够的。因为日本企业不是要追赶世界潮流，而是要再次赢得世界的尊重，展示自己的存在价值。

因此，除了设计思维，还应当以超越设计思维的形式传播日本的制造哲学。其中，以下两个观点非常重要。

第一，确立全新的日本独特的"用户价值创新"。为此，需要把设计思维所提倡的体验价值与日本制造的强大实力相结合，并且升华到一个新的价值层面。具体来讲，就是要通过精心制造创造让用户感动的意义性价值。

第二，将这种用户价值创新进一步明确为"日本制造哲学"，向全世界传播。其本质在于不拘泥于短期业绩，而执着于高度的产品制造与技能。以完美的制造为目标，毫不妥协。这是一种为产品注入灵魂的制造。

4 日本独特的"用户价值创新"

①制造能力带来的意义性价值

近年来，数字技术与软件逐渐发展成为主流。正如我们前面提到的，在创造具有较高独特性的用户价值方面，包括硬件在内的模拟制造能力做出了巨大贡献。

尤其是触动用户心弦的意义性价值的创造非常耗费工夫，只有充分利用讲究细节的精细的制造能力才能实现。这就是日本企业、日本人历来擅长的价值创造。

也就是说，企业需要掌握以用户为出发点解决问题的手法，例如设计思维。但仅凭这一点，很难创造出带有本质差别的优秀产品。

此外，尽管软件越来越重要，但仅凭数字技术难以创造出带给用户感动的产品，也难以构建持续的国际竞争力。在这个时代，很多企业更倾向于开发数字技术和软件。也正因如此，制造技术作为差别化的源泉才愈发重要。

只要能够在这种融合了数字和模拟的用户价值中找到亮点，日本企业就有引领世界的希望。

值得一提的是，苹果公司灵活应用这种模拟技术，持续创造出了巨大的意义性价值。接下来，我们具体来看看苹果公司的案例。

②学习苹果公司对产品制造的执着

苹果公司成功的重要原因，是对先进的产品制造技术的灵活应用。

由于最终组装全部委托给了鸿海精密工业，苹果公司被误认为是一家不重视生产技术和产品制造的企业。但实际上，苹果公司一直非常重视材料技术、加工技术、组装技术等制造技术。此外，与其他 IT 企业相比，苹果公司不仅对制造外包公司要求严苛，对零部件企业的质量要求更是严格得多。

一个典型的讲究制造方法的例子如 iPhone、MacBook 从一张铝板上切削出来的"一体式机身"。

以 iPhone 的机身为例。一般采用树脂成型的机身成本在200 日元左右，但是一体式机身需要花时间切削，效率不高，成本接近 300 日元。它以简洁美观的设计和极高的品质感给用户留下了深刻的印象，我自然也是被其打动的用户之一。

苹果公司自主研发了先进的铝切割生产技术，主导了使用设备的选择与设置。此外，苹果公司还购入了大量的小型切削加工机（以日本发那科公司的机器钻头为主），借给了制造外包公司鸿海精密工业。由于多数情况下这种先进的制造机器都是由苹果公司购买，因此该公司的设备投资从 2013年到 2020 年，每年都超过了 1 兆日元，与日本企业中在设备投资上投入最大的 NTT 公司、丰田汽车公司相差无几。

苹果公司非常讲究极致制造，这已经是老生常谈的话题了。令笔者惊讶的是，苹果公司 2001 年发售的 iPod 的所有背面都是镜面抛光。为此，新潟县燕三条地区的约 20 家专门从事金属加工的公司组成了"打磨企业联合集团"组织。在 4 年的时间里，熟练的匠人们抛光了超过 1000 万台的 iPod。

燕三条从江户时代开始就以高超的金属加工技能闻名于世。正是由于具有较高的重视日本的纤细之美的美意识，这种技术才得以传承下来。

实际上，燕三条的金属加工也为马自达的魂动设计做出了贡献。在研究魂动设计的理想样式时，马自达与生产燕三条的无形文化财产——锤起铜器的玉川堂合作，委托玉川堂制作了以魂动为主题的铜器。匠人在数天时间里不停地用锤子敲打，赋予其生命，制作出来的锤起铜器的冲击力与美感令人惊叹。据说，马自达的设计师被超过 200 年历史的敲打制作的匠人精神和日本独特的美意识深深震撼了。

iPhone 手机里的很多零部件都是日本生产的，而且制造技术方面也应用了日本的技术。

苹果公司产品的意义性价值之高很大程度上依赖日本的制造能力。虽然它是 IT 行业的代表企业，但其竞争力的源泉之一是模拟的魅力。日本的制造能力和高度的审美意识是苹果公司在全球竞争中的有力武器。遗憾的是，日本企业没能灵活应用这些优势，这才是问题。

5　日本制造哲学的传播——执着、灵魂、技巧

从历史上看，日本人、日本企业在内心深处都对制造有一种强烈的执着和感情。在这种国民性和文化的支持下，日本随处可见追求完美设计、制造的场景。

典型象征如日本的制造文化。在这种文化的熏陶下，即使是用户看不到的产品背面也会被打造得很完美，绝不会偷工减料。我的一位中国顶级制造企业的朋友曾经感慨道，自己永远追赶不上日本那种讲究到连产品背面都要做得非常完美的文化。

从轮岛涂这种传统工艺到服装行业、日本建筑，再到雷克萨斯等豪车，日本的制造业一线随处可见超出常理的、讲究到极致的文化。在欧美，要求完美的精密机器等行业也具有这种执着精神，但是在日本，这种执着精神渗透到了整个制造业。

　　除此以外，日本人认为花费时间和精力为物品（包含但不仅限于产品）注入灵魂也很重要，就像养育子女一样。日本人相信，只有带着感情去制作，才能赋予物品以生命，如果不那么做，企业就做不出优秀的产品。

　　追求完美制造的同时，日本还有一个特征，那就是用细腻的心和强烈的情感为物品注入灵魂。在制造业的某些方面，日本与和它并称世界双璧的德国形成了鲜明的对照。

　　德国的制造文化基于严格的逻辑基础，在某种意义上冷静而透彻地追求完美品质。实际上，魂动设计能够在欧洲获得好评不是因为合理的设计，而是因为细腻得能够让人感受到生命力的日式美感。

　　这种制造哲学也是日本长期重视匠人的技能和技艺的结果。日本有一种长年耐心培养匠人的社会机制，以强化并继承高超的制造能力。本书所强调的设计的艺术思维也是如此，这种技艺文化发挥着非常重要的作用。

　　人们经常把工艺和艺术联系在一起，这是一种普遍的思维方式。一个典型的例子是德国包豪斯学院（Bauhaus）。它设立于 1919 年，是一所在全球设计界拥有重要影响力的教育机构。该校的第一任校长瓦尔特·格罗皮乌斯（Walter Gropius）强调工艺和艺术的共通性，把两者的融合作为教育的目的。在日本，从大正末期开始，柳宗悦提倡的"民艺运动"也让人们重新认识到了匠人亲手创造出来的工艺品所展现的美。

在尊重工艺的历史和文化的支持下，日本成功构建出了世界一流的制造哲学。例如，以硬件为核心，日本研发和生产高品质产品的能力非常突出。这也是 20 世纪 80 年代日本制造业一直领先世界的原因之一。

随着技术与市场的变化，在优势无法被轻易认可的当下，日本企业不应舍弃日本的制造哲学。近年来，追求完美的态度被批评为品质过剩，即便在技术领域也有一种论调认为，模拟和硬件技术已经过时，继续在这些领域努力耕耘没有任何意义。

然而，正如我们在苹果公司的案例中看到的，正是这些先进的制造再次提高了触动用户心弦的意义性价值和持久的竞争力。我认为，现在是时候再次向世界传播立志高远追求理想的日本制造哲学了。

曾经以历史悠久的制造哲学引领世界的日本企业应当重新审视其存在的意义。每个企业应当传播什么样的信念和价值观，应当如何传播，现在正是思考这些问题的好时机。这种强烈的思想的表达最终催生出了产品制造的艺术思维。

第 2 章 | 向汽车企业及马自达 学习的意义

1　意义性价值历来非常重要的汽车

目前，日本企业在全球发展顺利的依然是汽车行业。其中一个因素是日本的汽车企业把日本的制造力与高于功能的诸如设计、质感、驾驶感受等汽车魅力结合在了一起。通过将制造与意义性价值相结合，相比于电子企业，日本的汽车企业更能创造出比肩苹果公司的价值。

例如，丰田通过先进的产品制造，创造了驰名世界的高品质感和安心感的品牌价值。此外，本田、斯巴鲁的独特个性也广受好评，尤其在美国拥有众多铁杆粉丝。

在这一过程中，进入 21 世纪初，马自达获得的好评显著增加，尤其受全球汽车爱好者和评论家的喜受。除了驾驶的愉悦，马自达还全面推出了"魂动设计"以实现造车如艺的理念。在理解艺术思维的思考方式上，企业还有很多值得向马自达学习的地方。

①汽车的意义性价值

从历史上看，在主要产业中，意义性价值对于汽车行业一直非常重要。用户购买汽车往往更看重其魅力，而不是价格。尽管通过购买豪车来炫耀的用户也不少，但还是有很多人是真心喜欢汽车的，他们在购买汽车时非常看重汽车的设计和个性。

因此，汽车企业在经营上必须理解这些用户，很多大型企业的管理者也是汽车爱好者。多数顶级管理者能够理解无法用数值表示的外观设计、驾驶感受的重要性。不仅是马自达，丰田的社长丰田章男也非常喜欢汽车。

近几年一直在谈的设计管理的重要性早已被车企理解。换句话说，如果没有被车企理解，日本很难在汽车行业取得成功。这与大型日本电子企业形成了鲜明对比，这种文化没能在电子企业中扎下根来。

汽车已经普及一个多世纪了。在这一历史过程中，意义性价值一直非常重要。无论在哪个时代，对多数用户来说外观设计和品牌都是非常重要的，也是决定汽车受欢迎的程度和销量的最重要的因素之一。

例如，全球的大型企业中最早设置设计部门的制造企业就是汽车企业——美国的通用汽车公司（General Motors，GM）。1927 年，通用汽车公司成立了名为"艺术与色彩部门"的设计部门，任命哈利·厄尔（Harley Earl）为部门负责人。从那以后，无论好坏，通用公司每年都会变更设计，推出令人耳目一新的汽车来吸引用户，并将这种营销方式变成了常态。

福特汽车公司（Ford Motor Company）于 1908 年发售了"T 型车"，其利用生产线完成的大量生产大大降低了成本，实现了历史性创新，汽车价格降到了原来的六分之一。由于实现了以较低的价格生产实用性很强的汽车，福特汽车公司在 20 世纪 20 年代之前取得了巨大的成功。

但在那之后，强调汽车意义性价值的通用汽车公司越来越受欢迎。20 世纪 30 年代，市场占有率实现了逆转。之后，擅长市场营销的通用汽车公司的成功一直延续了下去。归根结底，意义性价值比降低成本更重要。这个案例也展示了汽车的产品特性以及用户的期待。

回到现在，我们来看看近年来汽车销量呈爆发式增长的全球最大市场——中国的情况。显然，意义性价值更为重要。2019年的一项实地调查结果显示，大部分用户认为汽车是身份地位的象征。从这个意义上来说，汽车就是一张名片，它不仅是一种交通工具，更是用于展现个性的重要物品。

②脱离汽车是否可行

近年来，有越来越多的媒体主张脱离汽车。他们认为，执着于汽车的设计、驾驶性能等方面的用户越来越少，人们逐渐倾向于根据基础性能、经济性来选择汽车作为交通工具。此外，还有很多人认为有共享汽车就足够了，汽车不必自己购买，必要的时候借来用就可以了。

的确，在大城市里，包括停车场在内的私家车的维护费用越来越高，尤其对普通的年轻人来说，拥有自己的汽车变得越来越困难。而共享汽车在城市里非常便利，使用者也越来越多。

那么，汽车行业是否真的在朝着脱离汽车的方向发展呢？

2018 年，笔者与马自达合作，利用日本、德国、美国市场的用户调查结果，分析了过去十年间的趋势。

从宏观上来看，全球的流行趋势并没有出现脱离汽车的倾向（延冈、松冈，2018）。一方面，只把汽车当成工具，即单纯买车作为一种交通工具的用户数量并没有增加。另一方面，重视设计、休闲享受等愉悦体验的用户不减反增。

由于其他公共交通手段、共享汽车等设施较为完善，买车只为出行的用户确实减少了。那么，汽车的销量是否下降了呢？诚然，大城市里难以拥有自己的汽车的年轻人确实在逐渐远离汽车，但是从整个汽车行业的角度来看，这只不过是局部发生的变化。

至少到 2019 年，全球的汽车销量还在逐年上升，年销量接近 1 亿辆。不可否认，2019 年汽车销量略有减少，2020 年由于新冠肺炎疫情的影响销量更是大幅下降。但是，全球汽车销量从 2010 年左右的约 7000 万辆到 2019 年的约 1 亿辆，10 年间急速增加了 30% 以上，笔者不认为中期内会转为快速下降的趋势。

从销量细分来看，全球范围内昂贵的 SUV 汽车（运动型多功能汽车）的销量一直在增长，超过 300 万日元的高价车型的销量也没有减少。

例如，在过去 20 年间，梅赛德斯-奔驰、宝马、保时捷等豪华车代表在全球的销量持续增长。即使在日本国内市场，这种昂贵的进口车的年销量也稳定保持在 30 万辆以上，并没有出现下滑的趋势（截至 2019 年）。

总之，对汽车有一定要求、追求意义性价值而购买汽车的用户数量并没有减少。至少在未来二十年左右，这种趋势不可能迅速改变。

据媒体报道，汽车行业正在经历百年一遇的转型期，这种变化也被称为"CASE"①。自动化和电气化越来越先进，网络连接成为常识，这是毫无争议的。但是笔者认为，这与汽车的意义性价值趋势完全不是一个问题。

一百多年来，汽车一直具备意义性价值，平均售价也不会下降。当下，由于商品化，很多产品面临只能低价出售的问题，有很多值得向汽车行业学习的地方。

---

① CASE 由以下 4 个词的首字母缩写而成：Connected：联网功能；Autono-mous：自动驾驶；Share & Service：共享服务；Electric：电动化。——译者注

2　马自达的跃进——魂动设计和创驰蓝天发动机

①汽车制造的艺术思维——造车如艺（Car as Art）

在汽车行业，马自达尤其强调意义性价值的重要性，目标是生产能够获得对汽车有一定要求的用户的高度好评的产品。例如，其一直执着于制造能够让驾驶者体验到"人车一体"的驾驶快感的汽车。

21 世纪初，马自达的新产品研发朝着比以往更深入的发展方向进行了变革。2012 年 2 月，作为新一代产品线的首款车型，SUV 汽车"CX-5"上市。此后三年间，"Atenza""Axela""Demio""CX-3""Roadster"等相继问世，新一代车型日渐完备。从 2019 年开始，以"MAZDA 3"为起点，新一代车型产品线更是发展到了第二代。

自"CX-5"以来，在新产品的研发中，马自达一直在开发超越市场趋势和业界常识的、能够传达马自达强烈想法的产品。马自达一直在探究汽车应当是什么样子的，而不是单纯探索用户想要的汽车。其目标是打造超出用户期待和设想的、令人感动（兴奋）的汽车。

新一代的产品研发整体上由藤原清志副社长（截至2020年）发挥强大的领导力来统筹负责，他这样形容：

"我们分析了用户的需求和市场数据，但我们不会用它来开发汽车。即使调查过其他竞争公司，我们也不会通过与其他公司的比较来设立目标。我们要在自己所认为的理想的哲学基础上生产汽车。只有立志高远创造出来的产品才能带给人们感动，这是市场分析做不到的。"

这就是艺术思维，一种非被动地面对用户，表达信念的思维方式。当然，这与轻视用户完全是两回事。正如藤原清志所说，马自达要做的不是回应用户提出的要求，而是创造出高于用户要求的喜悦。为此，必须深入理解用户的内心需求。

这种新一代马自达制造哲学背后的驱动力是魂动设计。

前田育男担任设计总部部长。基于"造车如艺"的理念，他提出了魂动设计，并把目标设定为打造艺术水准的作品——通过为汽车注入灵魂、实施充满生命感的动感设计，打动观者的心。以藤原副社长为首，包括高级管理层在内，整个公司都全力支持魂动设计。

此前，艺术概念在马自达内部是一种禁忌。马自达曾经认为企业的功能就是生产用户想要的、卖得出去的产品，而艺术充满了创作者的个人想法，是一种歧途。

但是前田育男认为："这种态度容易麻痹人的思想，认为产品保持在配合用户要求的程度更好，难以创造更具突破性的东西。"即使用户得到一定程度的满足，也无法表现马自达的存在价值，最终生产出来的也不是成功的产品。必须能带来超越满足的惊讶和感动。据此，马自达提出了"造车如艺"的理念。

为了利用艺术思维实现先进设计，包括设计师在内的全体工作人员必须通力合作。在马自达，除了最高管理层，研究开发、生产技术，甚至是销售、市场部门都在朝着魂动设计的方向努力着。

②SKYACTIVE（创驰蓝天）发动机

SKYACTIVE 发动机（也称"创驰蓝天技术"）和魂动设计是支撑马自达的两大支柱。本书不做详细介绍，仅在此进行简单说明。

在发动机方面，以拥有天才般创新想法的工程师人见光夫为中心，马自达以超出传统技术常识的方法研发了一种创新型发动机。在汽油发动机方面，实现了通常难以想象的高压缩比。压缩比越高，燃烧效率越好，但是会导致一种被称为"爆震（knocking）"的问题。马自达通过各种创新与改革，克服了这一问题。

柴油发动机则相反，采用了超出常理的低压缩比。自燃柴油发动机需要比汽油发动机更高的压缩比，但创驰蓝天技术却使低压缩比下的高效点火与燃烧成为可能。结果，不仅降低了爆发力，还减轻了通常趋于厚重的柴油机的重量，降低了成本。

除此以外，2019 年推出的 SKYACTIVE-X 发动机（也称为"第二代创驰蓝天技术"）采用了火花塞压燃控制技术（Spark Controlled Compression Ignition，简称 SPCCI）。它虽然是汽油机，却采用了柴油机的压缩着火原理，结合了汽油机和柴油机的优点。

这种设想很早以前就有，但是没有一家汽车公司能够实现。因此，这一划时代的重大突破受到了世界各地发动机工程师的称赞。从投入市场前的 2018 年开始，SKYACTIVE-X 发动机相继获得了多个国际奖项，包括"2018 爱迪生奖"金奖。

即使从社会及环境的角度来看，提高发动机的效率也极为重要。首先，电动汽车电池的生产成本比发动机高很多倍。从这一点来看，混合动力汽车虽然越来越多，但也不能完全淘汰发动机。

此外，只有在包括发电和车辆的生产、处置在内的生命周期中评估二氧化碳（CO_2）的削减量才有实际意义。如果像中国和日本那样多月火力发电，那么使用高燃烧率发动机的混合动力车和电动汽车的二氧化碳排放量不会有太大的变化。在这个问题上，马自达主动从独特的视角提出了建议。

无论是魂动设计还是 SKYACTIVE-X 发动机，都不是根据用户的具体要求设计的，而是马自达将理想具体化的产物。结果，它带来了超出用户预期的感动。马自达一直以实现这样的经营管理为目标。

3 马自达汽车荣获的多个奖项

就这样，在新一代产品开发的过程中，热爱汽车的开发人员坚持研发他们认为理想的汽车，毫不妥协。然而，除非这种努力得到回报并产生结果，否则它是毫无意义的。马自达是幸运的，研发的汽车如愿获得了汽车爱好者、汽车评论家和汽车专家的高度认可。需要注意的是，马自达汽车在海外获得的评价远高于日本。

自新一代"CX-5"以来，马自达汽车已经在全球斩获了多个奖项。表2-1显示的是关于汽车的全部奖项，马自达获得了日本最权威的日本年度风云车（Japan Car of the Year，JCOTY）奖，以及全球最权威的全球年度风云车（World Car of the Year）奖。如表2-2所示，马自达还获得过以设计为焦点，在全世界都非常权威的全球年度最佳设计新车（World Car Design of the Year）奖和红点奖（Red Dot）。

全球年度风云车和全球年度最佳设计新车是2004年由世界各国的汽车记者创立的全球汽车奖主办的全球最大规模的汽车奖项，2020年的获奖者由来自全球25个国家的86名汽车记者通过投票选出。

①全球年度风云车（日本国内与国际）

我们首先来看日本年度风云车的获奖情况。2012年的"CX-5"、2014年的"Demio"、2015年的"Roadster"相继获得该奖项。从2010年到2019年的十年间，马自达获奖三

次，丰田、日产、本田、斯巴鲁各获奖一次，其他获奖者均
为进口车。

表 2-1　日本年度风云车及全球年度风云车

所获奖项	获奖年份	获奖车型
日本年度风云车	2012—2013	CX-5
	2014—2015	Demio（MAZDA2）
	2015—2016	Roadster（MX-5）
全球年度风云车	2016	Roadster（MX-5）
全球年度风云车 TOP10	2013	CX-5
TOP10	2013	Atenza（MAZDA6）
TOP3	2014	Axela（MAZDA3）
TOP10	2015	Demio（MAZDA2）
TOP10	2016	CX-3
TOP10	2017	CX-9
TOP3	2020	MAZDA3
TOP3	2020	CX-30

（资料来源：笔者根据各种资料制作而成。）

全球年度风云车大奖中，由马自达全新投入市场的大部
分模型车都入选了全球前十位（TOP10）。从 2013 年的
"CX-5"开始，之后上市的"Atenza""Axela""Demio"

"Roadster（MX-5）""CX-3""CX-9"全部入选。其中，2016年的"Roadster（MX-5）"被评为世界第一，获得了全球年度风云车大奖。

魂动设计发展到第二代后，这种势头也未见衰减。2020年马自达不只入选了前十位，前三甲里更是占据了两席，分别是"MAZDA3"和"CX-30"。在全球年度风云车奖项中，进入前十位不是一件容易的事。2020年的前十位中，日系车只入选了马自达的这两款，由此可见一斑。

②全球年度最佳设计新车奖

在本书所聚焦的设计方面，马自达获得的评价就更高了。如表2-2所示，2016年的"Roadster（MX-5）"、2020年的"MAZDA3"获得了全球最优秀的设计奖项——全球年度最佳设计新车。

"Roadster（MX-5）"属于马自达一直引以为傲的运动车型，而"MAZDA3"属于车型最多的紧凑型乘用车品类（如卡罗拉、高尔夫等）。从"MAZDA3"开始的新一代（第二代）魂动设计获得了与初代同等甚至更高的好评。

它采用了一种前所未有的能够感受到日本独特的美意识

的独创性设计，任何人看了都会对它的美给出很高的评价。

表 2-2　设计相关奖项

获奖情况	获奖年份	获奖车型
全球年度最佳设计新车：TOP3	2014	Axela（MAZDA3）
全球年度最佳设计新车	2016	Roadster（MX-5）
全球年度最佳设计新车：TOP3	2016	CX-3
全球年度最佳设计新车：TOP3	2018	CX-5
全球年度最佳设计新车	2020	MZADA 3
红点奖	2014	Axela（MAZDA3）
红点奖：最佳设计奖	2015	Roadster（MX-5）
红点奖	2015	CX-3
红点奖	2015	Demio（MAZDA2）
红点奖：最佳设计奖	2017	Roadster RF（MX-5 RF）
红点奖：最佳设计奖	2019	MAZDA3
红点奖	2020	CX-30
红点奖	2020	MX-30

（资料来源：笔者根据各种资料制作而成。）

魂动设计从问世之初就获得了很高的评价——2013 年的"Atenza"和 2014 年的"Axela"连续两年入选全球前三甲。

尤其是 2013 年"Atenza"获奖时，它与售价相差数位数的豪车"阿斯顿马丁 Vanquish""路虎揽胜 F-Type"并列前三。

从 2014 年到 2020 年，马自达上市的所有主要车型都会获得 iF 奖（德国）、IDEA 奖（美国）或全球代表性设计奖项红点奖（德国）。其中，2015 年的"Roadster"、2017 年的"Roadster RF"、2019 年的"MAZDA3"获得了红点奖最佳设计奖，这是专门授予非常优秀的设计作品的奖项。

从第一代到第二代，魂动设计获得了非常高的评价。第二代中的"MAZDA3"获得最佳设计奖取得开门红之后，相继上市的"CX-30"和"MX-30"也获得了红点奖。

由此，马自达的设计赢得了卓越的声誉，即使在日本汽车企业中也相当出众。尤其是在汽车的发源地——欧洲（主要是德国），在设计方面获得好评远比因质量或者性价比获得好评更具价值。马自达的设计开始在全世界大放异彩。

此外，马自达还分别于 2015 年、2017 年在东京车展上发表了两台展示了新一代魂动设计愿景的概念车"X-VISION"和"VISION COUPE"。这两款车均被评为全球最美紧凑型汽车，并相继在法国巴黎召开的"法国国际汽车节（Festival Automobile International）"上荣获年度最美概念车（Most Beautiful Concept Car of the Year）大奖。该奖项由大约 20 名世界各国的著名汽车设计师组成的评审委员会来评选。

值得一提的是，2020—2021 日本年度汽车奖新设立了设计部门奖，"MAZDA-30"荣获了具有纪念意义的首届年度最佳设计车奖。

我从汽车整体和设计两个方面分析了马自达的获奖经历。可以看出，在这两个方面上，马自达在全球均获得了很高的评价。热血的汽车爱好者汇集一堂竭力追求理想汽车的态度也获得了同行的认可，如丰田汽车公司的社长丰田章男就高度评价了马自达的产品研发态度。

2017 年，丰田与马自达达成合作，丰田章男阐述合作理由时表示："马自达实践了我们的目标理念——'更好的汽车制造'，此次合作是一个很好的机会，我们可以学习到很多东西，非常感谢（马自达）。""比起规模，马自达对制造汽车的高要求，如人马一体、创驰蓝天技术、魂动设计等，为我们的 TNGA 体系提供了非常有价值的参考。除了规模，还有很多值得我们学习的地方。"（片山，2020）丰田也想像马自达的技术人员一样，带着对汽车的满腔热爱和雄心壮志来进行研发。

4 财务业绩的变化

一般来说，企业业绩要通过销售额和利润进行评价。

2009 年到 2012 年，受"雷曼危机"的影响，马自达的业绩开始下滑。但是从 2012 年魂动设计车型上市后，马自达的业绩得到了迅速恢复。尤其是 2014 年至 2016 年，马自达的营业利润率接近 7%，刷新了业绩纪录。

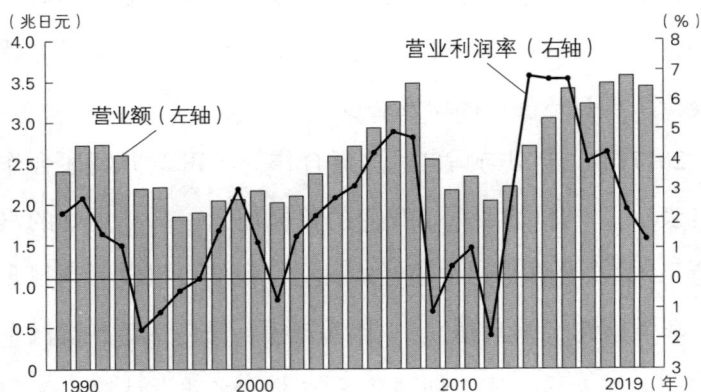

（资料来源：笔者根据1990—2019年年度报告制作而成。）

图 2-1 马自达的业绩变化

令人遗憾的是，2020 年初暴发的新冠肺炎疫情逐渐扩散到了全世界。受此影响，汽车的生产与需求开始急剧减少。马自达也和其他车企一样，受到了巨大冲击。

在新一代魂动设计车型上市后，至少在新冠疫情暴发之前，马自达的财务业绩出现了明显好转。当然，与丰田、本田、斯巴鲁等收益能力非常强的顶级企业相比，马自达的业绩提升不是特别突出的。即使是在环境良好的情况下，马自达的利润率也不过是日本车企的平均水准。

艺术思维是一种不迎合用户、坚持追求汽车理想、展现本公司信念的经营方式。为了让用户理解这种思维方式，有时候需要花费一定的时间。从这一点来说，提升短期业绩并不是艺术思维最重要的目的。马自达依然会竭尽全力降低成本、提高生产率，但它更想优先实现的，是理想的汽车制造。

通过深深地打动用户、吸引狂热的忠实粉丝、提高品牌价值，马自达终将提高未来的财务业绩。换句话说，从长远来看，这是一种使企业价值最大化的经营管理方式。

只要以艺术思维为目标，就必须设定一个需要忍耐的短期期限。马自达新一代车型投入市场只过了十年左右。为了提高品牌价值，至少还需要按照 10—20 年的时间跨度来思考如何经营。马自达也认为，长期追求理想绝不动摇是非常重要的。

第 II 部

SEDA 模式与艺术思维

本书第Ⅱ部分主要介绍艺术思维的理论框架——SEDA模式。在详细介绍马自达的事例之前，需要明确艺术思维的定位，包括其与设计思维的差异。

在第3章中，笔者将介绍SEDA模式的具体内容构成，论证该架构的重要性。其主要由4个要素构成：作为功能性价值的科学（Science）、工程（Engineering），以及作为意义性价值的设计（Design）、艺术（Art）。每一个要素所创造的价值都很重要，但是综合起来的价值才是关键。

第4章首先说明了融合功能性价值和意义性价值的设计、工程学的研究。功能良好且诉诸用户感受的产品研发需要同时兼具工程和设计两方面能力的人才。

第5章主要是关于本书的主题——艺术思维的定义和概念的说明。即使都属于意义性价值范畴，艺术思维也不同于贴近用户的设计思维，它表现的是自己的信念和哲学。

第 3 章 | **SEDA 模式**

1 综合性价值的时代

当今世界，随着产品和服务的数字化、软件化，以及从"物"到"事"的发展，我们正处于一个多面价值融合的时代。因此，我们应当从三个角度来综合这些要素。

一是多种技术的融合成为需求，即数字与模拟、软件和硬件等的融合。

近年来，数字技术和软件应用越来越重要，但这并不意味着仅凭它们就能创造出巨大的价值。通过将模拟技术与硬件高度融合，能够实现令用户惊叹的价值。

二是用户价值中的两个层面的融合。具体是指功能性价值与意义性价值的融合，或者说得更直白点，就是物与事的融合。

不是只有近年来备受瞩目的意义性价值（事）才重要，功能性价值（物）同样也很重要。将两者很好地融为一体，产生相乘效果才是关键。

三是价值的深化及其与创新的融合。具体是指强化现有价值（深化），以及在否定、破坏现有价值的基础上产生新的价值（创新）。近年来，有越来越多的人认为具备能同时实现两者的组织能力（双元性经营）非常重要。

唯有进行打破所有界限的价值创造，才能创造出打动用户的价值。SEDA 模式正是探索这种综合性价值创造的概念架构。它的名称来源于科学（Science）、工程（Engineering）、设计（Design）和艺术（Art）的首字母（图 3-1）。要想成为引领世界的企业，必须具备涵盖 SEDA 模式的价值创造能力。

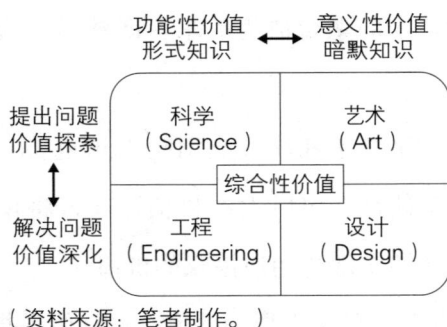

〔资料来源：笔者制作。〕

图 3-1 SEDA 模式

这四个区域由两个轴线构成，分别是功能性价值和意义性价值的"价值的暗默性"轴（横轴），以及解决用户既有问题或者提出新价值（问题）的"价值的创新性"轴（纵轴）。

科学是在功能性价值方面进行探索并提出新的可能性，工程是用功能性价值解决用户的问题，设计是用意义性价值解决用户问题，艺术是通过意义性价值提出高于用户预期的创新性问题。

同时，我们应当注意到，SEDA 模式中的每个领域都是一个概念，既包括价值本身的特性，也包括创造出这些价值的方法和过程。接下来，笔者将进行具体说明。

2　价值的暗默性——功能性价值和意义性价值

①客观价值与主观价值

图 3-1 所示的 SEDA 模式中，左右两侧分别是功能性价值和意义性价值。功能性价值由形式知识（显性知识）构成，可以用数字、技术规格等客观指标来解释。从根本上来说，这种功能通常能够利用工学、科学和物理定律来解释。

也就是说，价值由产品本身的特性、功能等决定，与用户无关。

意义性价值则是用户与产品的连接点，是主观创造出来的价值。它不是由产品的特性单独决定的，而是用户与产品共同创造出来的价值。其意义由用户内心的情感和所处的状况决定。因此，它具有无法简单地用文字或数字来表示的暗默知识（隐性知识）的特征。

表 3-1　SEDA 模式的横轴：暗默性

功能性价值 （工程/科学）	意义性价值 （设计/艺术）
形式知识	暗默知识
客观性	主观性
功能、规格	（生活资料）体验价值、感性价值 （生产资料）解决方案价值

（资料来源：笔者制作。）

就生活资料而言，意义性价值主要指用户通过五感来感知的价值。其典型代表，如具有较高的实用性或者令人心动的设计等。生产资料方面，典型代表有用于解决用户企业现场的成本等问题的解决方案价值等。

在生活资料上，每个用户的感觉都是不一样的。同样，在生产资料方面，由于用户企业的现场千差万别，价值的大小会根据不同的用户而不同，无法由产品或系统的客观规格来决定。

意义性价值接近于近年来普遍使用的"用户体验价值（User Experience）"的概念，与传统概念中的感性价值、情绪价值等具有相同的含义。

笔者之所以选择使用"意义性价值"的说法，原因之一是它具有通用性。例如，当用户是企业，即生产资料的情况下，是无法使用情感价值等说法的。但如果采用由用户企业赋予意义的意义性价值，就没有任何违和感。

一般而言，用户价值越复杂、程度越高，产品中无法用简单的规格或数字来表示的部分就越重要。无论是汽车，还是家电、家具，价格越高，设计和品牌等的趣味、品位就越受重视。总的来说，意义性价值的重要性逐年增加的因素之一是用户的需求与时俱进，变得更加复杂和精细。

当然，我们不应该认为意义性价值比功能性价值更重要，必须以实现将两者融合在一起的综合性价值的最大化作为目标。

多数情况下，功能性价值与意义性价值实现相乘效果的产品能够产生更高的价值。

例如汽车行业的保时捷。除了出众的功能、性能外，它还有很多非常狂热的粉丝。他们着迷于它的设计和发动机，对品牌具有强烈的执念和信赖感。保时捷将产品功能和用户赋予的价值完美统一起来，得到了极高的综合性价值，非常优秀。

②功能性价值的问题与意义性价值的优点

企业面临的最大问题是，即使意识到了意义性价值的重要性，也很难从以功能性价值为中心的经营管理模式开始转变。原因在于，功能性价值对于用户和企业而言都是很容易理解的。它的评价标准明确，由于不掺杂用户的主观评价，所以能够用客观的数字或规格来表示。因此，功能性价值很容易吸引用户，也很便于企业在内部进行目标管理、进度管理和研发评估。

尤其是日本企业，它们一直非常善于进行包括生产一线在内的改善活动，因此更重视利用客观评估轴和简单的统计手法进行分析。日本企业很擅长这种分析性经营。

当然，也有很多企业不擅长体验价值和意义性价值的管理，觉得只要无法用数字来表示就无法进行管理，从而强行进行数值化，背离了原本应该瞄准的目标价值。这完全是本末倒置。

如果企业的最高管理者不是创始家族的成员，而是从普通员工开始做起的人，就更容易执着于数字或规格。他们更喜欢数字决策，用客观评价或共识来达成一致，而不是由自己担负全部责任。采用功能性价值，恰好可以实现这种操作。

虽然功能性价值容易被理解，但是存在两大问题。

第一，如前所述，在目前的竞争环境下，仅凭功能设计很难打造出用户愿意高价购买的充满魅力的产品，也无法附加更高的价值。第二，即使实现了差别化，数字和功能也很可能马上被其他公司盯上并模仿。

但是如果能增加意义性价值，用户价值就会增加。同时，由于它是隐性价值，因此很难被人模仿。iPhone 作为终端产品，之所以能保持优势，数年间都没有被其他公司赶超，原因就在于具备难以进行客观评价的意义性价值。

简单酷炫的设计、可随意操作的便利性等，这些都无法简单地用数字或规格来表示。因此，竞争公司既无法进行准确的评价，也难以设定明确的目标。

此外，意义性价值是指用户个人主观的、感性的价值，但并不是说每个人的感受都是不同的、特殊的、没有共通性的。在很多情况下，即使是基于个人感受的主观评价，如热门歌曲、畅销小说、名画等，也同样能够打动很多人。优秀的公司擅长开发受许多用户欣赏的产品，即使他们对产品的评价是主观的。

③生产资料的意义性价值

用户价值的暗默化和意义性价值的重要性不仅限于生活资料，生产资料方面也是如此。对用户企业而言，价值不仅取决于产品目标的客观数字或规格。利用它们来降低成本、增加销售额，最终提高利润，这才是用户企业真正看重的价值。

这种价值取决于用户企业在什么情况下使用它们。例如，即使使用同一款零部件，其价值也取决于使用该零部件的用户企业的产品。同样，生产一线或事务业务中引进的即便是同样的系统，它能够在多大程度上降低成本、提高销售额，也要根据用户企业的实际情况来看。价值不是由产品或系统的规格来决定的。

理论上，在生产资料方面，用户企业会根据购入的零部件或引进的系统对本公司利润的提高程度来支付金额，因为那就是用户企业认定的价值。如果某种零部件或系统能够提供一种大型的解决方案价值来提高用户企业的利益，那么其自身就能够产生巨大的价值。

笔者此前提到过，生活资料方面的主观价值要是一种能同时打动许多用户的价值，这一点很重要。生产资料方面也是如此。像基恩士（KEYENCE）这样的企业，既能向个别用户企业提供特殊的大型解决方案价值，也能开发出面向多个企业的能够产生同样价值的产品。这就是结合了为个别企业提供价值的客制化服务（Customization）和大量生产（Mass Production）的优点的大规模定制（Mass Customization，MC）［B. 约瑟夫·派恩（B. Joseph Pine II），1992］。

在生活资料和生产资料之间，意义性价值的大部分概念是相通的。两者的价值不是由产品规格，而是由用户实际使用时的固有状况来决定的。其中，生活资料方面的固有状况是指感受和情绪，生产资料则是指使用环境和产品。

3 价值的革新性——解决问题与提出问题

接下来，我们分析一下 SEDA 模式的纵轴上显示的解决问题与提出问题。

此处的解决问题，是指活用或深化既有知识来解决用户所面临的具体问题，主要是通过满足用户的明确需求来达到使用户满意的目的。它不是根本性改革，而是一种明确问题的处理对策，因此这种努力化为泡沫的风险很低。

提出问题则是指不直接处理用户需求，而是回到原理原则上来探索本质价值，从而提出连用户都没有注意到的问题。换句话说，不是利用既有价值或知识，而是多数情况下通过否定它们去探索、发现新的价值，从而颠覆用户对于技术或想法的成见，让他们有新的发现。

成功提出问题，能够产生巨大的创新价值。但由于这种做法无法解决已有问题和需求，所以其得不到结果的风险要比解决问题的做法高很多。

表 3-2　SEDA 模式的纵轴：革新性

解决问题·价值深化 （工程/设计）	提出问题·价值探索 （科学/艺术）
达到让用户满意的目的	追求原理和理想
表面需求	潜在需求
相应处理	拔高处置
低风险、低回报	高风险、高回报

（资料来源：笔者制作。）

在工商管理中，按照革新程度把创新划分为两种的想法早已司空见惯。

价值深化是一种连续性创新，相当于"渐进性创新（也称增量创新，Incremental Innovation）"，价值探索则被称为非连续性创新，相当于"激进型创新（Radical Innovation）"。

近年来，斯坦福大学名誉教授、社会学家詹姆斯·马奇（James March）的研究团队一直在强调拥有同时擅长知识深化（exploitation）与探索（exploration）的组织的重要性。

他们认为，同时擅长两者的企业，也就是能够做到双元性经营（Ambidexterity）的企业更容易实现创新（O'Reilly and Tushman，2016）。

被誉为"设计研究领域第一人"的罗伯托·维甘提（Roberto Verganti，2017）也把创新分为解决问题和提出问题来论证。他把两者当作"解决问题的创新"与"意义的创新"并进行对比，指出"近年来，意义的创新越来越重要"。

与本书的主张一样，维甘提也强调，由于设计思维以应对用户需求的解决问题为中心，因此为了区分，需要提出全新意义的创新。

在实际经营中，价值深化和价值探索各有利弊。想切实得出结果，价值深化更适合，但如果宁愿多冒些风险也想创造更大的价值，价值探索更合适。拿身边的例子来讲，这就好比是选择常去的、明确知道料理很美味的餐厅，还是去探索发现新的餐厅。

知识的深化和探索都很重要。为了实现创新，必须将现有知识的改进与全新的知识结合起来。

4 四个象限——工程、科学、设计、艺术

如图 3-1 所示，在价值的暗默性（功能性价值或意义性价值）以及价值的革新性（价值深化或价值探索）的两个轴上定义了四种价值。笔者想再次简单说明一下它们的具体内容。

首先，是代表功能性价值的工程和科学。工程主要是利用技术，从功能上解决用户所面对的问题。其目的在于针对用户需求，最大限度地利用现有技术和知识，实现相应的功能或品质。

就满足明确的用户需求而言，仅凭利用现有技术来解决问题的工程有时无法实现出色的创新。这个时候，针对高于

用户需求的目标，即使要花很长时间，也要坚持探索前所未有的手段（技术），这就是科学。

意义性价值必须具备设计和艺术两大要素。设计是根据用户的需求来解决问题，艺术则是发现超越用户设想的意义。

设计要求创造出用户需要的感性价值或体验价值，如用户喜欢的设计（意匠）或者没有负担的使用感受等。

由于多数情况下这些价值无法用数字或规格来表示，因此需要设计人员具有与用户共情的能力。它是设计思维发挥重要作用的领域。

后者，即艺术要求发现超越用户需求和设想的想法或信念。它要求产品自觉承担社会使命，向用户及社会展现企业的理想，催生出巨大的感动和兴奋情绪，进而让企业从用户的情感中发现全新的价值观或者想法。

从意义性价值的角度来看，艺术和设计是同类。但是在超出用户设想或常识的创新性这一点上，艺术与科学是共通的——科学是通过技术性手段在功能性价值上实现超越，艺术则是通过坚定信念和提出问题在意义性价值上实现超越。

人类利用科学享受过很多值得惊叹的新价值，也通过绘画、建筑、音乐、文学等艺术体验过莫大的感动。艺术和科学追求的不是用户的需求，而是世界的真理和理想，从而为人类的发展做出贡献。

5　SEDA 模式中的两个融合

双元性经营的概念近年来备受瞩目，SEDA 模式也涉及两种双元性经营。

以往，人们主要探讨解决问题（Exploitation，深化）和提出问题（Exploration，探索）两个课题。近年来，同时管理功能性价值（形式知识）和意义性价值（暗默知识）的双元性经营逐渐成为重大课题。

SEDA 模式的整体融合很重要，首先要思考上下、左右两个方向的融合。

首先，是左右方向上的融合，即功能性价值主体的工程和实现意义性价值的设计的融合。目的在于从以往的工程主体思维向设计思维的方向转变。

其次，是上下方向的融合，即意义性价值强调在设计之外融入艺术领域的特征也非常重要。

在本书接下来的第 4 章中，笔者将对如图 3-2 中的①

所示的左右方向上的融合以及向设计思维的转变进行说明。
第 5 章则将针对朝着艺术思维转变的问题进行探讨（图 3-2
中的②）。

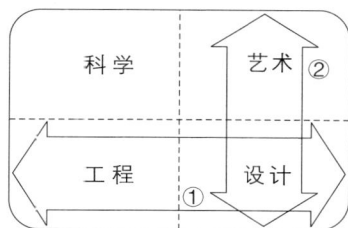

（资料来源：笔者制作。）

图 3-2 SEDA 模式中的左右方向、上下方向的融合

第4章 | **设计工程师的重要性**

1 理科思维与文科思维

SEDA 模式中的左右方向上的融合，尤其是工程与设计的融合逐渐成为近年来的重大课题。除了功能性价值（工程），与用户界面产生的意义性价值（设计）也愈发重要，将它们融合为一体的设计思维备受关注。然而，如前所述，日本企业并没有很好地应对这一变化。

日本企业没有在应对设计思维、意义性价值等隐性的用户价值方面取得长足进展，原因之一是其在工程与设计方面的思考方式太对立了。

工程以客观的理论性思考为依据，而设计重视主观的感受，两者解决问题的思维过程完全不同。

此外，两者创造出来的价值也存在明显差别。工程以提高数字或文字明确表示的功能性价值为目标，设计则以提高用户的体验感受、使用感受等意义性价值为目标。

接下来，笔者将首先说明工程与设计的根本性区别，然后介绍将两者统一起来的价值创造的方法。

如图 4-1 所示，简单来看，两者之间的差异可以用理科（左脑）与文科（右脑）的概念进行对比。从医学的角度来看，有人批评用左脑与右脑的概念进行对比是不正确的。但在此不必纠结于这些细节，因为它大致象征着重视理论的思维方式与重视感性的思维方式之间的对照。

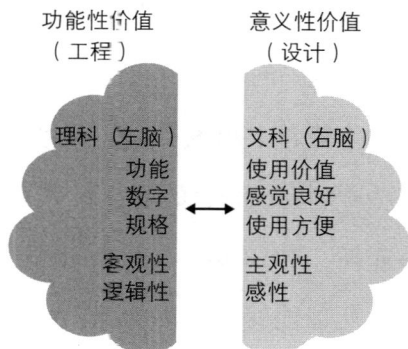

功能性价值
（工程）

意义性价值
（设计）

理科（左脑）
功能
数字
规格
客观性
逻辑性

文科（右脑）
使用价值
感觉良好
使用方便
主观性
感性

（资料来源　笔者制作。）

图 4-1　理科（左脑）与文科（右脑）的综合

将两者进行对比的论点并不鲜见。工业革命以后，科学家越来越多，社会上越来越重视技术。于是，文学家、艺术家等代表的文科文化与科学家所代表的理科文化之间的分歧也越来越大。

这一问题最早由查尔斯·珀西·斯诺（Charles Percy Snow）于1959年在剑桥大学的一场题为"两种文化"的著名演讲中提出，从而成为热门话题。斯诺是从物理学家转为小说家的，并且在英国政府担任重要职务。

他在演讲中指出，不读古典文学的科学家和对科学不感兴趣的文学家之间越来越难以沟通。斯诺认识到，进入20世纪后，这一分歧将越来越大，正在严重影响社会发展。这种危机感促使他提出了这一问题。

当下，综合性价值越来越重要，这一问题再次成为人们关注的焦点。有些顺利完成融合的企业取得了巨大的成功。

史蒂夫·乔布斯在2010年1月的iPad新品发布会上明确表示，苹果公司之所以能够研发出如此出众的产品，是因为它总能在理科与文科的交汇点上发现产品的存在价值。苹果公司一直在有意识地追求SEDA模式的综合性价值。

实际上，这种融合与统一是非常困难的。

一方面，工程以过去积累的理论为依据，通过客观的理性思考追求正确的解答，旨在打造新功能或改进原有性能，并且相信它们决定着产品的价值。

另一方面，设计意图打动使用者的主观感受。因此，无法用客观的、科学的理论来简单说明的用户感受成了关键。设计师作为创作者也是通过自身的感受来设想这种价值的。产品中无法用语言来表达的部分非常重要。

企业必须通过理科与文科的双元性经营管理创造出将客观理论和主观感情统一起来的价值，即一种并非某一方面突出，而是融为一体的价值。

2015 年，延冈等人把这种综合性价值命名为"设计价值"，并做出了如下定义。

设计价值是指用户使用产品时，在用户与物之间的接触点上所产生的价值，即在视觉接触点（构思价值，即狭义的设计）、使用接触点（使用价值，即可用性）、持有接触点（所有价值，即品牌等）方面产生的价值。

这些价值较高的产品具有以下特质：用户因令人感动的设计（构思）而情绪高涨；产品功能完善且使用起来没有负担，使用感受良好；得益于该产品的魅力，用户会喜欢上整个产品，为拥有这样的产品而感到自豪和喜悦。

这种体验不断持续，用户逐渐成为生产这些产品的企业或品牌的粉丝，只要有新品问世就愿意掏钱购买——这正是苹果公司走过的路。

一个典型的只会按照理论来思考的工程师很难在工作中创造这样的价值。而仅擅长创造意义性价值的设计师，又往往在技能或功能方面有所欠缺，用户获得的愉悦感也是有限的。优秀的综合性价值无法单凭设计师或工程师来实现，需要两者共同努力。

将两者结合起来的产品开发方法之一，就是近年来备受瞩目的设计思维。但它实施起来并不容易，至少很多日本企业至今都没能成功落实。

问题是，工程师和设计师共同创作这一点难度非常大。即使双方参加同一个项目，也会出于思维方式和看待事物的角度不同而很难顺利沟通。而且，由于有很多相互冲突的部分，他们也很难互相学习。

如果工程师和设计师不能合作，企业应当如何解决?

2　设计工程师的作用——戴森和苹果

东京大学的山中俊治教授可谓是研究技术与设计的接触

点的第一人，他提出了具体的建议。

其中一个解决方案是可以聘用一个专门学习设计和工程两方面的"设计工程师"（山中，2015 年）。

往返于设计和工程的思维方式以及解决问题的方法之间，在逐渐统一的过程中获得平衡，这种先进的做法只能由一个人进行（takram design engineering，2014）。

开发、销售吸尘器和空调等家电产品的英国戴森（Dyson）公司很早就采取了创新性措施，最大限度地发挥了同时具备设计师和工程师两者能力的人才的才能。

戴森公司成立之初，包括管理层在内的很多产品研发的主要技术人员就已经是在大学或研究生院接受过两种教育的设计工程师了。应用这类人才，能够开发出技术过关、便于使用且美观的产品。

2015 年笔者调查戴森公司时，其英国总部的 650 名工程师中，约有 400 人是设计工程师。

例如，无线吸尘器的研发负责人曾经在英国格拉斯哥大学学习工程学，在格拉斯哥艺术大学学习设计学。包括创始人詹姆士·戴森在内，戴森公司几乎所有的管理者都是设计工程师。

再如，苹果公司自创立之初就一直致力于把设计和工程结合起来，尤其注重提高 UX（用户体验价值），这正是史蒂夫·乔布斯最想实现的目标。在体验价值成为时代趋势之前，苹果公司就一直在开发最先进的产品，领先了约 40 年。

在创立初期的 1983 年，苹果公司在世界上首次导入了使用鼠标的图形用户界面（Graphical User Interface，简称 GUI，又称图形用户接口），开发出面向普通消费者的产品——个人电脑 Apple Lisa，极大地提高了产品的使用便利度。鼠标成为电脑的标配也是苹果公司的贡献。

长年引领苹果公司产品价值创造的乔纳森·艾维（2019年离职）曾经在纽卡斯尔理工学院（现在的诺森比亚大学）的工程学院攻读设计（Kahney，2013）。

那是一项重视产品制造的设计教育课程，因此他也可以被称为设计工程师。如前所述的铝制机身也是只有设计工程师才能想出来的设计。

3 重新审视工程与设计的分工

产品开发的目标已经从产品的物的价值转变为用户的体

验价值，因此产品开发的方式也要转变，尤其需要重新审视组织构造上的分工体制。一些企业已经废除了设计和设计开发的分工，例如上述的戴森公司。

从历史上来看，工程师在设计业务中原本也进行设计，工程与设计是不分工的。汽车、家具等产品的开发，以及建筑、土木工程也是如此。

但是工业革命以后，技术本身迅速发展的同时还需要应对大量的生产技术。于是，工程师的业务量增加，不得不提高专业性。而同时期，设计也变得越来越重要，促使工程和设计自然而然地产生了分工。

正如笔者此前提到的，汽车行业的通用汽车公司（GM）于 1927 年设置了设计部门作为产品开发的独立部门，这也是世界上最早的独立设计部门。在日本，1951 年松下电器产业株式会社（现在的松下公司）最早成立了设计部门。如今，这种分工的弊端愈发明显，看来是时候重新审视工程和设计的分工问题了。

在设计工作中，除了加强构思，还必须提升包括实用性在内的体验价值。在这一点上，设计师从工程中分离出来的缺点逐渐显现出来。此外，近年来，同时完成开发和设计的门槛降低了，利用 3D-CAD、3D 打印机等就能轻松完成。

因此，越来越多的企业（如戴森）融合了工程和设计两大业务，从而获得了更多的利益。

考虑到日本企业的现实，同时学习工程和设计的人才很难一下子增加。工程师和设计师作为一个团队的成员一起工作是不够的，他们需要互相学习，熟知彼此的业务。

工程师必须了解设计师试图实现的意义性价值，设计师也必须认真学习基本技术，以及制造和设计的相关知识。在本书提及的马自达的事例中，这种互相理解已经非常深入了。一般来说，汽车生产企业比其他行业更先进。

SEDA 模式的四个领域中，只把其中一个当成目标绝非上策，要把所有领域综合起来才能实现价值的最大化。为了做到这一点，本章首先以左右方向上的统一为基础，以工程（功能性价值）和设计（意义性价值）的综合性价值创造为核心进行了说明。

在下一章中，笔者将介绍意义性价值中上下方向上的融合，也就是从设计到艺术的统一。笔者认为，在 SEDA 模式中，作为今后成为优秀企业的条件之一，贯彻自己的信念的"产品制造的艺术思维"将越来越重要。

第 5 章 | **什么是产品制造的艺术思维**

1 艺术思维的定义——理想、哲学的表达和坚定的信念

在介绍 SEDA 模式的过程中，笔者已经对艺术思维的定义和定位进行了大致说明。本章将尝试深入探讨什么是产品制造的艺术思维。

笔者在本书的开头中说过，本书主要对比讨论设计思维和艺术思维，不探讨实际社会中设计师和艺术家的区别，目的是对两个概念进行对比，得出定义，展开有意义的探讨。这也是一种旨在引导出理论启示的学术性研究。

除了艺术家，包括马自达在内的很多设计师都采用了本书定义的艺术思维方法。在 SEDA 模式图左侧的工程和科学的对比方面也是如此。负责具体设计的技术人员（工程师）

会根据需要进行基础研究（科学）。同样，设计师也经常把设计思维和艺术思维的特征结合起来，完成设计业务。

重申一下设计和艺术的基本差异，即设计的最大目的是为了用户（使用者），而艺术是为了展现自我。因此，设计思维要解决用户的问题，而艺术思维要从社会使命等更高层次来描绘独特的理想或哲学，将其提出并表现出来。

艺术思维的最终目标是创造超出用户期望并为其带来惊喜或感动的价值，同时强烈影响用户的价值观和信念。这也是艺术存在的重要意义。

从现实经营的角度来看，设计思维和艺术思维的典型差异是是否要做用户调查。

设计思维以提升用户满意度为最大目标，从企划阶段开始就要调查并迎合用户的喜好。在设计思维的流程中，即使在开发的中期阶段，也很重视用样品来获得用户的评价。

艺术思维则超越了用户设想，以追求理想为目标，因此用户调查并没有那么重要。彻底了解用户需求是有必要的，但是不必被动地根据其需求或评价来推进工作。

自诩为艺术家的著名画家不会做用户调查。在这一点上，科学和工程的差异也是同样的。以基础研究获得诺贝尔奖的科学家也不会做用户调查，但工程师在做设计开发时，为了了解用户需要的功能或面临的问题，需要做一些调查。

按照艺术思维理论，我们不必针对具体的产品开发做用户调查，但是必须了解社会存在的问题的本质和用户的深层心理。

科学和艺术重视探求世界的真理远超过用户需求。例如，科学从技术或理论的角度来探寻真理，艺术则从美学或哲学的角度来探寻真理。因此，与用户目前对特定产品的需求相比，企业更需要深入了解根本的作为人的本质。

在魂动设计方面，马自达把赋予汽车生命感和灵魂感的设计哲学表达放在首位，中止了让用户评价草图或模型的用户调查（诊断）。但是，为了深入了解用户的价值观和感受，马自达进行了彻底的定性调查。

与理想、哲学的表达同等重要的是艺术思维的最大特征，即坚定的信念。

当然，不仅是艺术家，很多设计师也拥有崇高的理想，不会轻易妥协。

笔者要重申，此处的探讨只针对定义的问题。根据定义，设计的目的是让用户百分之百满意，艺术的目的则是超越用户满意的程度，通过不断进行自我质疑和自我回答来彻底追求崇高的理想，因此多数情况下很难做到。

此外，在将艺术思维应用到实际经营中时，不仅要超越用户的设想，还必须带给用户感动或喜悦，否则就毫无意义。自我满足是不可接受的。因此，艺术思维下的产品制造必须永不妥协，直到达到理想的高度。

正如工程和科学都能发挥重要作用一样，这不是艺术和设计哪个更好的问题，因为两者的目的不同。如果要开发短期内畅销的产品，那么多数情况下，单刀直入地以开发用户所需要的产品为目标的设计思维更合适。

如果以艺术思维为目标，则需要做好充足的心理准备。实际上，企业通常并不赞同不以用户需求为目标，而以超越用户需求的自我表达为目标的艺术思维。

2　艺术思维的五个特征

图 5-1 展示了艺术思维定义的五个特征：

第一是哲学、思想的表达；第二是带来超越用户需求或设想的感动；第三是自我表达的背景，即身份特色；第四是高超技法，它往往能成就打动人心的作品；第五是毫不妥协的强烈的热情与执念。

接下来，笔者将逐一进行说明。

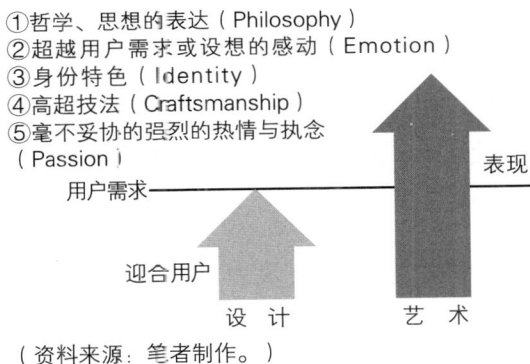

①哲学、思想的表达（Philosophy）
②超越用户需求或设想的感动（Emotion）
③身份特色（Identity）
④高超技法（Craftsmanship）
⑤毫不妥协的强烈的热情与执念
（Passion）

用户需求————————

表现

迎合用户

设　计　　　　　艺　术

（资料来源：笔者制作。）

图 5-1　从设计思维到艺术思维

①哲学、思想的表达

产品制造的艺术思维要求表达自己的理想或哲学。那么，它具体是表现什么的呢？

艺术所表达的内容没有什么限制。抛开艺术论等专业论述，一般而言，艺术表达的感情有"喜悦""愤怒""悲伤""恐惧"等，表达的主题有"和平""爱""自由""生命""死亡""自然""环境""美"等。

举一个具体的例子。艺术往往表达以理想为目标的对既存的社会、制度、文明、文化的批判，以及自由或和平的意义、对生命或美的敬畏等。

缩小到经营的事例上来，经营哲学和经营理念的重要性经常作为公司的哲学或思想的表达被讨论。有人认为，明确公司的存在意义和社会贡献的方向性，如社会使命、任务、价值观、愿景等，有助于提高企业的长期业绩（Collins and Porras，1994）。

近年来，越来越多的人认为承担社会责任（Corporate Social Responsibility，CSR）是一种重要的经营哲学。这是一种把整个社会利害关系都考虑在内，而不是完全以利益为导向的理念。例如，越来越多的企业致力于实现联合国峰会在2015年提出的可持续开发目标（Sustainable Development Goals，SDGs）的理念。

但是，在大多数企业眼中，它们还是过于笼统、抽象，体现在产品上的事例很少。产品制造的艺术思维强调：要明确应当表达的哲学，并将其与产品或品牌明确地联系起来。

史蒂夫·乔布斯——表达自由的哲学

在表达明确且坚定的哲学这一点上，近年来最出名的成功案例当数苹果公司。接下来，我们简单分析一下。

史蒂夫·乔布斯一直致力于通过苹果的产品或品牌来表达自己的理想，感动了许多用户。他提出的具体的表达内容中，最重要的一点是广义的"自由（freedom）"。

苹果公司于 1984 年推出第一代麦金塔（Macintosh）电脑，打破了当时的巨头企业 IBM 定义电脑行业标准的状况。乔布斯认为，电脑不应该是像 IBM 的电脑那样非专业人士不能顺畅使用的"机械"，而应当是任何人都可以自由、愉快地使用的工具。换句话说，他认为电脑应该是人的"伙伴"。苹果公司的目标是从 IBM 的霸权中夺取自由。

在 1984 年 1 月超级碗的电视直播中，苹果公司斥巨资用广告表达了自己的思想。广告以乔治·奥威尔的未来小说《1984》为背景，导演是因《银翼杀手》而闻名日本的雷德利·斯科特。

1984 年出版的那本小说描绘了一个并不久远的未来的监视社会。那里有一个被称为"老大哥"的独裁者，他控制着人们的思想和言论，监视着所有的行动。IBM 被比喻为"老大哥"，广告表现的是摆脱"老大哥"的控制。这支广告成了名留青史的名作，把乔布斯的思想传播到了全世界。

当时笔者在麻省理工学院（MIT）留学，正犹豫着电脑是买 IBM 的还是买苹果的。在看到苹果的广告后，笔者立马决定了买苹果的电脑。

苹果的经营哲学是生产使用方便、没有负担、能够自由使用的产品。包括苹果手机（iPhone）在内的后续产品都继承了这一理念。

在那之前，手机（便携电话）是一种不看操作指南、不记操作方法就无法顺畅使用的"机械"，而苹果手机实现了无负担的操作，仿佛融为了人类身体的一部分。由此，苹果手机不仅在敏感度高的粉丝中非常流行，还吸引了女高中生、普通家庭主妇、中老年人等各类人群。

和麦金塔一样，苹果手机打破了以往的便携电话的概念，提出要生产任何人都能轻松使用的、像贴身伙伴一样的产品，展现了创新性的意义性价值。

因此，毫无疑问，苹果成功的主要原因之一，在于一直坚定而明确地表达自己的哲学观和价值观。

长年从设计方面为苹果的成功做出重要贡献的乔纳森·艾维在 AXIS 杂志上与深泽直人进行了特别对话，他说："苹果公司创业于 20 世纪 70 年代。从那时候起，它就有明确的价值观，认真思考过自己的存在意义。公司的创意都是价值观的体现，产品也是证明价值观的产物。"（*AXIS* 网络杂志，2019）

笔者在一桥大学二作时，曾经有对 SEDA 模式感兴趣的三星的技术人员前来研究室拜访，并且说了一句令笔者印象非常深刻的话："我们只在艺术方面输给了苹果。"

日本的制造哲学

接下来，我们来探讨一下本书的主题之一——日本的制造哲学。从传统工艺到现代产品，日本一直对产品制造抱有坚定不移的哲学观，这在世界上是很罕见的。在日本，追求完美品质、注重每一个细节的制造文化无处不在。这也帮助日本的制造业在二战后取得了全球性成功。

在传统工艺中，手工艺人不遗余力地追求极致的美和完成度，有很多像轮岛漆器、有田烧等达到艺术品水准的产品案例。

这些东西最初被世界所认识是在 1867 年的巴黎万国博览会上。除了浮世绘和琳派绘画，日本的陶瓷器、漆器、描金画（泥金画）、纺织品等都参加了展览，精致且极具艺术性的工艺品备受赞叹。那些绘画、工艺品也在欧洲掀起了日本风潮。

此外，1873 年的维也纳万国博览会建造了神社和日式庭园，简单的设计中包含着灵魂的日本制造哲学得到了理解。

除了以完美为目标，日本的制造业还通过用心的制造为物品赋予生命。一个典型代表是日本的佛像，其中的大多数被认定为国宝。上溯到平安、镰仓时代，在运庆等著名佛像雕刻大师的高超技巧的加持下，佛像仿佛注入了生命和灵魂，成为日本制造哲学的象征。

在由独特的美意识构成的设计领域也是如此。寺庙神社、佛像、陶瓷器、漆器等，日本独有的美格外突出，很多都达到了惊艳世界的水准。那些设计质朴、细腻而威严，充满了"闲寂优雅""闲寂枯淡"式的简单、凛然的紧张感。关于日本独特的美意识，笔者将在本书后半部分的魂动设计讲解中详细介绍。

②超越用户需求或设想的感动

如果哲学的表达只停留在简单的自我满足上，那么就谈不上企业经营。"卖不出去的艺术作品"毫无意义。只有提出一种全新的理念，而不是简单满足用户需求的产品，使用户深受感动，艺术思维才能开花结果。同时，用户在既有的价值观、常识性思维方面也会受到艺术思维的影响和感化。

举个例子。索尼早在 1979 年就发售了随身听，提出了一种以往根本没有人设想过的音乐机器的使用方法，创造了便携式收录机的新文化。近年来，苹果的麦金塔电脑、苹果手机等也都提供了超出用户设想的便利。无论多么用心倾听用户的声音，也很少能够得到这样的需求反馈。

这些产品火爆的关键不在于单纯的功能，而在于无法用语言来表达的价值。也就是说，用户虽然在事前无法设想产品是什么样的，但在接触或使用产品后会被其深深打动。

设计方面也是如此。在直面高于设想的美时，人们会惊叹、兴奋，哪怕只是一直看着也会被打动。以强烈的思想信念和高超的技巧为后盾的美会经由艺术思维深入到用户的心底。

所谓超越用户需求，并不是说没有必要深入了解用户，而是要在了解用户的具体需求的基础上，明白什么才能打动用户。当然，这并非易事。设计师往往无法轻易问出用户的答案，且用户自己事前也不一定理解打动自己的点到底是什么。因此，设计师必须彻底弄明白用户内心本质的价值观和感受，并且能够与其产生共鸣。

此外，本书认为，艺术思维能够带给人超越设想的感动的源泉之一，在于以绝对的高价值为依据。

即使不直接应对市场趋势或用户需求，只要实现了绝对的高价值，任何品位的用户都会被打动。那是超越了喜好的价值。

本书后半部分会讲到，这是马自达魂动设计的重要理念之一，即通过坚定不移的信念，追求终极的高价值。因此，企业要做的不是制造迎合用户喜好的产品，而是要创作对每个人来说都充满绝对魅力的作品。

③身份特色

艺术思维包含着表达者强烈的想法。同时，其根源深处的身份特色也发挥着重要的作用。所谓表达，就是暴露自己（个人或组织）的世界观。因此，在表达自我的艺术思维中，"自我是什么人"具有重要意义。

强烈的身份特色可以增强企业或组织所要表达的内容的真实性和说服力。自己表达那些内容的真实性越高，越容易让用户对表达内容产生共鸣和感动。

　　在个人或组织的身份的形成中，其成长过程、历史、积累的经验发挥着重要的作用。

　　例如，人们被比利假日（Bilie Holiday）的歌、约翰·克朗的萨克斯所打动，与他们关于种族迫害的历史性身份是分不开的。

　　在此前提到的苹果公司的自由哲学中，创始人及企业都是在象征着自由的加利福尼亚州发展起来的，这一历史背景非常关键。

　　苹果公司的产品在那里被设计出来，每个产品上都用很小的文字刻着"Designed by Apple in California（由苹果设计于加利福尼亚）"，宣示着它的身份。"Designed in California（设计于加利福尼亚）"象征着自由。

　　伦敦设计博物馆很早以前就注意到了这一点，并于 2017 年举办了名为"California：Designing Freedom（加州设计展览：自由工具改变世界）"的展览会，以展示"苹果麦金塔"的设计为主要特征。

　　通过历史积淀形成的身份认同在日本的制造哲学中也具有重大意义。百余年来，日本人一直非常重视产品制造，不断磨炼的熟练技工呕心沥血，致力于把每个产品的细节都打磨得非常完美。喜欢剔除无用部分的充满闲寂优雅氛围的美意识也根植于日本历史与文化支撑起来的身份底色。

此外，日本企业中有很多延续一百年以上的、一直在培育强大制造能力的制造型企业。在日本，这样的企业有近一万家，这个数字在全世界都是绝对领先的。因此，作为日本制造哲学的背景的身份特色每年都在被不断强化。

不可否认，近年来，日本制造业的业绩持续低迷，越来越多的声音批判其历史已经成为累赘。但是，日本的产品制造要想再次引领世界，就必须坚持把历史积淀化为身份特色，并利用它来表达自我。

如果做不到这一点，日本企业就很难达到在世界创造卓越价值的目的，也无法创造出能够打动用户的产品。

④高超技法

"Virtuoso"来源于古典音乐领域里使用的意大利语，意为技艺精湛的（人）、技艺超群。而作为艺术的定义，突出的技能、技艺也应该添加成为要素之一。当然，设计师不是艺术家，但其中也有很多拥有突出技巧的人才。正如本书一贯主张的，这不过是为了对比概念而做出的定义。

也有人认为艺术并不一定需要特殊的技巧。按照这一思路，重要的不是技巧，而是内容表现。当然，这也是正确的。但不可否认的是，拥有更高超的技巧能在艺术上表达更高层次的、更深奥的理念。

无论何种表现方式，都是一种打动看客的手段，高超的技巧能帮上这个忙。

例如，众所周知，毕加索从孩提时代起就拥有天才般的素描能力，钢琴家波利尼、阿格里奇的演奏能够带给人艺术的感动。不可否认的是，这些都需要非常高超的技巧来支撑。

本书所定义的艺术思维要求必须带有制作者的强烈想法、能带来超出用户设想的感动或惊叹，而使用通用的机器来完成的大量生产方式很难做到这一点，还需要经过长年锻炼积累的熟练匠人的技艺。正如包豪斯的教学所提倡的，很多时候，手工艺在艺术中发挥着重要作用。

设计方面也是如此。升华到艺术水准的传统漆器的螺钿和泥金画的艳丽高级的光辉，名刀的形状和刃文的凛然之美，都是千锤百炼的工匠技艺的产物。魂动设计也最大限度地利用了这种工匠技艺。

⑤毫不妥协的强烈的热情与执念

最后，作为艺术思维的条件，需要坚持毫不妥协的强烈的热情与执念，直到实现自己想要表达的理想为止，而不是满足于生产用户满意的产品。

具体是指利用高超的技巧，强化花费时间和精力投身产品制作的"热情"，不断反问自己是否完美地表达了理想，直到实现完美表达的"执念"为止。

用户只有感受到制作者的高远志向和强烈情感才会被打动。如果是功能性价值，只用数字或规格就能让用户明白。艺术思维则必须通过强烈的情感才能把制作者的想法传达给用户。

在日本的制造业中，传统工艺往往倾注了手工艺人的热情。例如，仔细锻造每把刀的锻造冶炼匠人、需要重复涂抹并晾干数次的轮岛漆器的涂师等都需要投入一般的制造业无法想象的热情来制作产品。他们正是凭借这种热情与精力为物品注入了生命的灵魂。

此外，艺术思维还需要立志高远的直到实现完美表达为止的绝不妥协的韧性与执念。在不依赖用户需求这一明确目标的前提下，不断尝试并坚持自问自答并不是一件易事。

当然，即使用户满足了，制造业专业人士也绝不会把自己觉得不完美的、半途而废的东西拿出来。实际上，世界上受人欢迎的产品多数都是由这样的执念制作出来的。

遗憾的是，近年来，制作者的强烈情感和执念不再能帮助日本企业提升业绩，但这并不意味着那种对制造的执着是错的。很多产品失败是因为半途而废。

艺术思维中，半途而废会导致最糟糕的后果，即效率低下，无法打动用户。过去 30 年，日本企业的部分苦恼就源于这里。制造业中，以完美为目标的执念，必须是那种"打造能够打动用户心灵的产品"的韧性和执着。

3　艺术思维的条件总结

在此，笔者把介绍过的艺术思维的五个条件进行了总结（图 5-2）。

首先，艺术最重要的一点是树立高远的志向和理想，表达哲学理念和思想（图 5-2①）。

其次，需要直到目标完全实现为止绝不妥协的强烈的热情和执念，坚韧不拔地贯彻到底（图5-2⑤）。

因此，为了提高所要表达的信念的说服性，为了保持绝不妥协的信念，必须明确自己的身份特色（图5-2③），以及长年培养起来的高超技术（图5-2④）。

由此，物有了灵魂，想法得以传达给用户，让用户得到了超出需求与设想的喜悦与感动（图5-2②）。

（资料来源：笔者制作。）

图5-2　艺术思维的条件

第 **III** 部

——

艺术思维的魂动设计

第Ⅲ部、第Ⅳ部将以魂动设计为焦点，介绍采用艺术思维的马自达的事例。

第6章回顾了马自达的经营理念向艺术思维倾斜的背景。马自达原本是一家独具个性的汽车制造企业，却因此遭受了数次经营危机，一度被福特汽车公司收购，有段时期甚至失去了自己的身份特色。进入21世纪后不久，马自达掀起了"制造革新"活动，再次提出了符合马自达特色的战略。

第7章以制造革新为背景，说明了魂动设计的诞生过程及其中包含的设计哲学的本质。马自达的目标是以日本独特的美意识创造充满生命感和跃动感的、让世界刮目相看的设计。

第8章详细说明了魂动设计所表达的哲学内涵及其表现方法。我们将基于第5章中提出的艺术思维的概念框架，重点关注坚定不移地实现理想设计的内容和过程。

第 6 章 | **马自达的制造哲学**

1　与福特汽车公司的关系及独立背景

2010 年左右，产品制造的艺术思维作为马自达的经营方针逐渐明朗起来。我们先来简单回顾一下选择艺术思维之前的马自达的历史。马自达很早以前就倾向于制造独具个性的汽车，这也是导致其业绩起伏波动严重的因素之一。

首先，在 20 世纪 70 年代石油危机之后，马自达遭遇了经营危机，获得了住友银行的帮助。

当时，马自达成功研发出了被称为"梦想发动机"的转子发动机，并将其应用到了从"Familia"到"RX-7"的全部产品上。这款发动机属于运动型引擎，体积小、马力大，价格昂贵，但具有良好的加速性能。

然而遗憾的是，它的燃油消耗率很高。因此，当人们受石油危机影响变得重视燃油经济性时，马自达不得不终止在运动车型以外的汽车上搭载这款发动机。同时，由于巨额投资用尽，马自达还面临着巨大的经营压力。

此后，进入20世纪80年代，受新款"Familia掀背车"成为热销品等因素的影响，马自达的业绩逐渐恢复。当时笔者还在马自达，公司氛围还是非常明快且充满生机的，大家都在很愉悦地从事产品企划工作。

但是进入20世纪90年代之后，受泡沫经济导致的经济低迷大环境的影响，马自达的业绩再次陷入低谷。20世纪80年代后半期开始推行的、以日本国内五个渠道化经销商网络为代表的扩大战略也失败了。自此，从1993年开始的3年时间里，马自达出现了赤字。

最终，自1979年起持有马自达24.5%股份的合作伙伴美国福特汽车公司在1996年将其持股比例提高到了33.4%，实际掌握了马自达的经营权。

福特汽车公司派来了最高管理层。人们曾一度担心马自达会成为福特的子公司，失去自己。但事实证明，这是杞人忧天。美国作为经营的发源地，其一流企业不会轻视企业的个性。发掘优点，集中力量，才是企业经营战略的王道。

　　马自达从福特汽车公司学习了很多东西。尤其幸运的是，1999 年 12 月，时年 38 岁的马克·菲尔兹成为马自达的社长。他非常优秀，之后在福特总部担任 CEO（最高经营责任人）。

　　菲尔兹担任了两年半的社长，他实行了一系列提高经营效率的措施（如裁员等），还实施了强调马自达特色的产品营销战略。例如，他提出了象征着令人心动的兜风体验的"Zoom-Zoom"口号。

　　"Zoom-Zoom"是模仿孩子们在玩汽车模型时兴奋地发出的"嗡嗡"声。这一口号很好地表达了马自达的特色，在众多喜欢汽车的马自达员工中也获得了好评。得益于此，"Zoom-Zoom"作为品牌概念至今仍在使用。

　　福特汽车公司派来的最高领导人所主导的经营战略多是积极的。21 世纪初的马自达直到 2008 年的"雷曼危机"之前都很平稳，创造了很高的业绩纪录。然而"雷曼危机"中，福特汽车公司遭受的打击比马自达还要严重，迫使福特汽车公司卖掉了很多马自达的股份。结果，马自达结束了长达十年的福特集团一员的身份束缚，独立了出来。

2　没有身份特色的时代

正如前面提到的,由福特汽车公司派遣的管理团队主导的"Zoom-Zoom"营销策略获得了成功。但由于这不是马自达主导的战略,所以公司内部有人不满,认为这并没有形成马自达自己认同的理想的汽车制造理念。

尤其重要的问题是,马自达不得不发挥作为福特集团的成员企业的作用。

以发动机和平台等主要系统为例。作为负责福特集团的国际化战略的一员,包括沃尔沃、路虎在内,都有零部件通用、进行开发支援等需求。无论是在技术上还是在产品上,马自达都无法自由发挥。

事实上,马自达从未放弃再次明确自己的存在意义和身份的努力。

马自达原本就有比其他企业都强烈的开发自己所相信的独特产品的雄心。马自达能够成功大量生产并销售搭载了世界上唯一的转子发动机的汽车,就是很好的证明。

直到2012年"RX-8"停止销售,马自达总共生产并销售了约 200 万辆搭载了转子发动机的汽车。这一结果表明，马自达克服了技术上的大难题。在日本企业由于"雷曼危机"遭受巨大损失的背景下，马自达是一个重要的成功事例。

此外，马自达也一直在面向爱车人士不断挑战着产品创新。例如，运动车型市场持续低迷了近二十年，但是马自达却在 1989 年研发并发布了大企业都不会涉及的小型运动车型，获得了全球汽车爱好者的称赞。

"马自达 Roadster"成为历史上最受欢迎的运动车型，它的成功和名声持续到了现在，累计生产数量远远超过了 100 万辆，在二人座小型开放型运动车的累计生产数量上持续刷新着世界纪录。

值得一提的是，马自达曾经数次陷入业绩不振的局面。那时候曾经出现过一些不一样的意见，认为马自达有必要终止自以为是的产品研发，去做迎合用户需求的产品，即做配合用户调查结果和市场趋势的产品研发。

但是，根据用户的想法来做产品研发有一个缺点，那就是做出来的产品会受万人欢迎但却毫无特色。

无论是技术人员还是设计师，都会以用户想要的汽车为研发目标，而不会做自己心中理想的汽车。因此，即使做那样的产品研发，在竞争激烈的汽车行业中也很难保持优势，业绩也不会有起色。

每个新车型都迎合当时的用户需求还会导致一个问题：马自达产品整体的一贯性会越来越差，最终导致马自达的品牌或身份特色越来越模糊。

鉴于此，马自达决定重新思考马自达的存在意义。尤其是掌握着马自达命运的一些主要成员，他们从 21 世纪初的中期开始认真考虑未来的样子，促使马自达从 2006 年开始推进制造革新活动。

核心人物是当时以董事身份引领马自达的研究开发、2011 年担任副社长、2014 年担任会长的金井诚太，以及前面提到的 2018 年就任副社长、一直负责产品和技术战略的藤原清志等人。他们研究了马自达的产品研发哲学，并深入探讨了实现它的技术战略应该前进的方向。

3 制造哲学的重构

①受 2%的用户喜爱的汽车

制造革新活动确定的目标方向与艺术思维相关。在思考马自达应有的样子时，马自达首先再次明确，即使在全球市场的占有率只有 2%，也要坚持发展成为有个性的生产企业。也就是说，马自达决定不以销售数量为目标，不做任何人都能接受的产品研发。

马自达的目标是开发马自达所思考的对社会和用户而言理想的汽车，打动对这种哲学有共鸣的用户，成为一家深受这些用户喜爱的企业。自然，符合这一理想的汽车，必须是世界一流的汽车。

马自达每天都在深入思考对人们而言什么是最好的汽车，并且毫不妥协地追求它。依赖用户需求的迎合用户式的经营无法生产出享誉全球的产品。

不做营销思维下的产品开发，要做超越常识和潮流趋势的青史留名的制造生产。马自达认为，这就是自己的存在意义。同时，这也成为艺术思维和魂动设计的原点，助力了从 2012 年开始研发的新一代车型系列。

②提高内角的高速球

当然，马自达的员工不会简单地开发自己喜欢的汽车，他们也会探究汽车在社会上的存在意义，即适合用户和社会的理想汽车。换句话说，马自达的做法和刻意脱离王道、投机取巧地瞄准缺口的市场利基战略完全不是一回事。

对于马自达的前进方向，其前任社长金井诚太给出了有趣的说明。他以棒球为例，表示马自达要打出"提高内角的高速球"。

对于投出正中央快球的丰田或日产那样的大型企业而言，即使从事同样的竞争也毫无意义。这绝不是逃离王道而瞄准缺口的变化球，而是正面决胜负的快球，更接近给击球手以强烈冲击的内角球，朝着内角投出高速球。

马自达聚焦于内角球，也是想有意识地避免由于车型不同而给人以散乱的印象。近年来，马自达发售的汽车都强调驾驶的快感，一眼就能分辨出来这是属于马自达的魂动设计的美。

此外，即使强调驾驶乐趣，马自达的汽车也不是简单地宣传高马达输出的汽车，更不是像赛车那种高速行驶的以"暴走族"为目标群体的瞄准市场缺口的汽车。马自达的目标是生产每个人都能愉快驾驶的、能够体会到幸福感的汽车。

为了实现目标，马自达非常在意细节的完美，包括座位的构造、踏板的配置等，以保证驾驶者能和汽车融为一体，使汽车按照驾驶者的意图自由驱动。这是一种必定能够获得汽车爱好者的理解与喜爱的做法。

魂动设计也是一样。虽然它强调马自达的个性，但并没有强行赋予其奇怪的新意，而是经由日本向全世界的用户展示其在更高层次上深刻表达的代表了终极的美和理想的设计哲学。

当然，即使马自达执着到如此地步，也未必有很多用户能够产生共鸣并下单购买。但幸运的是，马自达不是像丰田或本田那样的大型生产企业，只要拥有全球 2% 的汽车用户就可以生存。马自达希望喜欢开车、真正有意购买并享受与马自达汽车相处的时间的用户购买马自达汽车。

③统筹企划与通用架构（Common architecture）

深究汽车的应有之态，往往能让汽车产生连贯的个性。马自达意在彻底提高汽车的完成度，让人们通过欣赏外观、接触内装、试驾就能立即识别马自达的汽车，并对这种个性产生共鸣。马自达的汽车生产旨在以坚定的信念来实现这一目标。

为了在专注于实现理想的领域中成为世界一流企业，马自达在产品、技术战略上一直拥有明确的目标，在管理上也煞费苦心。

首先，马自达聚焦于研发车型，集中了优势力量。

例如，相对较大且较高的小型厢形货车或单厢汽车很难打造成符合马自达"驾驶乐趣"理想的汽车。要用这样的车型来表现日本独特的美意识不是一件简单的事。因此，即使这些车型在市场上很受欢迎，马自达也不会做（商用车除外）。

其次，马自达在研发的车型中统一了马自达视为目标的理念，同时设计了尽可能避免产生不必要的重复工序和费用的方法，即采用了"统筹企划"与"通用架构"。正因为产品群拥有一以贯之的理念，所以部分制造思维是可以共享的。

按照统筹企划，首先要把开发、生产、采购、零部件企业都召集到一起，深入讨论未来十年的共通理念，然后再思考如何把这些共通理念运用到所有车型上并进行调整。

通用架构与近年来很多企业采用的以降低成本为目的的通用平台或零部件完全不同。如果在理念略有不同的车型之间强行采用共通的零部件或系统，将导致每个产品都无法采用最佳设计。这在要求每个车型都追求自己的理想的马自达看来是行不通的。

通用架构要求确定马自达所认为理想的一般的车辆构造和基本设计（架构），再在此基础上进行创新管理，以使开发和生产的过程能够共享，而不是以零部件的通用化为目的。

例如，即使设计完全不同，使用同样的 CAE（电脑上的测试、解析）模型也能够减少设计、开发工序。此外，即使使用的不是同一种零部件，只要能够共享相同的生产设备和生产过程，就可以大大降低成本。这需要在事前进行彻底的研究，下足功夫。

④面向新一代的制造革新的实践

马自达从福特集团独立出来的同时，致力于在 2010 年以后实现大变样。在 2006 年开始实施的制造革新活动的基本方针的指导下，马自达制定了统筹企划、通用架构等具体策略。当时，马自达正处于向新一代汽车制造转型的时期。

同时，正如笔者在开头提及的那样，天才工程师人见光夫还领导发起了创驰蓝天引擎变革。此外，笔者在后面还会讲到，马自达在销售方式和经销商运营等方面也进行了革新，如改变店铺设计、终止打折让利销售、提高品牌价值等。

如上所述，马自达在产品开发、发动机开发、销售及市场策略等所有方面都进行了综合性变革，尝试实现大转型。其中，为了成功完成整体改革，魂动设计发挥了先导性作用。

第7章 | **魂动设计的诞生与发展**

1   走向艺术思维

为了使制造革新结出硕果，提高马自达的存在意义和品牌价值，需要拿出能够在全世界引以为傲的具有极高的用户价值的产品。马自达以此为目的进行的经营改革的一大支柱，在于设计领域。

于是，2009 年 4 月，前田育男被任命为设计本部部长。他当时只有四十多岁，作为大企业的设计统筹总负责人来讲格外年轻。

他领导设计部门后取得的第一个成果是在 3 年后的 2012 年。那一年，马自达将魂动设计应用到了新型 SUV 汽车"CX-5"和中型轿车"Atenza（MAZDA6）"上。这两款车型是最早的以魂动设计为主题的新一代车型。在那之后的近十年间，魂动设计不断改进升级，以坚定的设计哲学为基础，不断应用到了新款车型上，在全世界获得了极高的评价。

前田育男在成为设计本部部长时，曾经对日本的产品制造和设计抱有很强烈的危机感。诚然，日本生产的能够在全世界引以为傲的产品正在逐年减少，尤其是日本企业发售的产品的设计几乎无法激发全世界的兴趣。汽车的设计也是如此。日系车在汽车发源地的欧洲国家（意大利、德国、法国、英国等）很少获得关注，存在感很低。

同时，家电的竞争力也在不断下降，其中以冰箱、空调等更具代表性。无法否认的是，品牌之间的差别从远处看几乎分辨不出来，这种毫无特点的设计也是产品竞争力下降的重要原因。大多数产品都无法让人感受到它们作为产品的存在感和个性。

与巴慕达（BALMUDA）那样充满活力的新型家电生产企业相比，大型企业的产品在个性方面明显欠缺水准，发生过度竞争也是不可避免的。

但是，拥有问题意识的经营者却少得令人惊讶。日本企业似乎没有理解关于制造和设计的问题的本质。

汽车设计要从社会层面进行思考。无论走到哪里，都市里都是车水马龙的样子，汽车随处可见。在社会的风景里，汽车是支配性的存在。与建筑物一样，汽车的存在及外观对人和社会具有巨大的影响力。因此，设计师必须超出每个用户需求的层面，从社会、文化的角度来思考汽车的设计问题。

令人遗憾的是，日本的现代化街景和欧洲的主要都市相比并没有那么美。除了每栋建筑的设计问题，环顾城市，还有一个致命的缺点，那就是街上四周的风景毫无统一感。

至今仍保留着往昔风貌的金泽、川越的街景就很美。此外，建筑中寺庙、神社的身影也展现着日本的身份特色，非常有魅力。

在汽车的设计方面，笔者希望日本能够走在前列，为世界做出贡献。前田育男也想向全世界展示日本设计的存在感，看到魂动设计，那种期待就更加强烈了。那是一种非常有特色的、与街景非常和谐的设计之美。

如果目标是根据某一时期的流行趋势，通过迎合用户或市场、媒体等尽可能多地销售汽车，那么多数情况下会打破社会平衡。马自达不为社会的舆论所迷惑，自己深入思索，从而确立了理想目标。

关于环境也是如此。正如笔者此前提到的那样，马自达不追求流行趋势，总会通过认真思考社会和用户的需求来确立方针。

考虑到资源在采掘、制造、运输过程中的二氧化碳排放问题，快而不精地追求彻底的电动化反而存在对环境不友好的地方，因此即使被媒体指责进度缓慢，马自达也坚持在仔细考虑正确的引入方向与时机的基础上推进绿色无害化设计。

例如，马自达重视明智地使用多种混合技术，包括插电式混合动力车（PHV）、增程发动机（Range extender）等。

同样，在设计方面也是如此。马自达不为外界声音所动，坚持思索并提出对于社会和用户来说最理想的产品形式。这就是艺术思维的原点。

2　魂动设计的诞生经过

前田育男在就任设计本部部长时，已经开始研发"CX-5"和"Atenza"了。在研发这两款车的设计的同时，还必须研究如何具体落实设计哲学。

首先，马自达认为必须明确试图表达的理想和信念。对用户而言，什么才是最好的汽车？尤其是对于喜爱汽车、对汽车有要求、享受驾驶乐趣的用户而言，什么才是理想的汽车？

只看一眼就能打动人心的马自达汽车的压倒性美应该是什么样的，应该表达什么？答案是既能向社会和用户传达强烈的信息，又具有极强的个性，能够让人感受到马自达独具特色的令人惊叹的美。

除此以外，只有让购买用户以拥有马自达汽车为傲，一切才有意义。因此，马自达要成长为受全世界尊重的品牌，就必须有一种能够满足这些要求的设计哲学。

在那之前，马自达的通用设计哲学非常少。当时，有一种趋势是根据开发的车型所需要具备的用户需求和市场趋势来进行设计。

这种买方市场也有不好的一面，即设计需要配合市场和用户，容易陷入被动。除此以外，按照这种设计研究路径，每款车型表达的内容都不一样，非常散乱。这样一来，就无法构建马自达一以贯之的独具魅力的品牌。

马自达这种规模的企业的优势是能够强力推出凝练而统一的设计哲学，而像丰田、日产那样车型众多的大型企业很难集中力量追求某个特定的概念。

马自达的设计能力历来都能获得很高的评价，尤其是在立体造型能力方面（如后详述的油泥建模师能力很强也是一个原因）具有很高的设计水准。马自达相信，利用造型能力来明确想要表达的理想和哲学，就能实现世界一流的高级设计。

前田育男说，在一年的时间里他每天都在不断思索，非常苦恼，直到得出魂动设计的理念。他坚信未来，至少在数十年间，其设计理念将引领整个马自达。设计哲学和品牌模式并非每过几年就要变更，他想打造出能够代表日本的设计，震惊世界。在这样的背景之下，设计哲学很难轻易确定下来。

最终，从汽车应该承担的社会及文化责任、喜爱汽车的用户能够共鸣的哲学、马自达乃至日本企业的身份特色等各种角度反复思索得到的结论就是魂动设计（Soul of Motion）。

魂动设计是一种赋予汽车生命和灵魂的设计，能够让人感受到只有奔跑的生命才能拥有的丰富的表情和强大的生命力。此外，魂动这一词语还暗含着一种"和魂"所具有的深奥而妖冶的、凝重而强烈的日本的美意识。

3 魂动所包含的意义——赋予汽车生命

笔者在此只简单介绍魂动设计内容的核心概念,实际如何应用在汽车的设计上将在下一章详细讲解。按照笔者的理解,魂动设计有两个核心概念,一个是生命感和跃动感,另一个是日本独特的美意识。

①生命感和跃动感

在魂动设计中,汽车不是单纯的铁块。设计人员要为其注入生命,从而使汽车成为用户的可爱伙伴。原本,和"我的家"一样,汽车也有"我的车""爱车"等称呼,这就表示很多用户发现了汽车具有的超出单纯拥有的意义。

有越来越多的人认为购买并拥有汽车没有意义,共享汽车应该成为主流。但是,如同想要拥有自己的家一样,渴望拥有可爱的爱车这种欲求并没有急剧减少。

此外,马自达以"人马一体"为目标,认为在驾驶时,汽车要成为驾驶者身体的一部分。从这一点来讲,汽车也必须是驾驶者能够发自内心去相信的伙伴。

从社会定位来讲，汽车虽然是人工产物，但也必须适应环境。与自然融为一体的汽车不能是破坏环境的恶人。因此，需要一种如同优雅地融入自然的动物或植物一样的具有生命感的设计。

这种生命感进一步和马自达的存在价值，即行驶快感的跃动感结合在了一起。马自达从很久以前开始就一直在强调动态设计，以实现良好的行驶感受。在福特主导的经营下，劳伦斯·范登克（Laurens vanden Acker）担任设计本部部长直到 2009 年。这期间，他一直重视动感设计。具体来讲，就是以"流动"为主题表现流动之美，如河流的流动、沙漠的风纹、随风飘动的丝绸窗帘等。

此外，魂动设计还可以用同一个动作表现出穿透空气壁的强大力度。那是一种惊心动魄的充满跃动感的动作，表达的是非洲奔跑的动物所具有的、充满野性与瞬间爆发力的生命感的美。

②日本独特的美意识

为了让马自达成为世界顶级品牌，前田育田考虑利用代表着日本身份特色的传统的制造哲学和美意识。

当然，它不是那种在容易让人意识到日本元素的场合中经常见到的使用和纸或竹子等的肤浅的表达方式，而是通过日本的制造哲学来表现的日本人所独有的尊重"闲寂枯淡"的细腻的美意识。

表 7-1　魂动设计应用在新车上的时期（主要模型）

	车型	应用年月
第一代	CX-5	2012 年 2 月
	Atenza（MAZDA6）	2012 年 11 月
	Axela（MAZDA3）	2013 年 11 月
	Demio（MAZDA2）	2014 年 9 月
	CX-3	2015 年 2 月
	Roadster	2015 年 5 月
	CX-8	2017 年 12 月
第二代	MAZDA3	2019 年 5 月
	CX-30	2019 年 9 月
	MX-30	2020 年 10 月

（资料来源：笔者根据各种资料制作而成。）

日式审美的特征是简约中带有威严和紧张感的有张力的端庄外形，以及控制着华丽程度的优质的光泽。综合考虑这些因素，马自达设定了"凛"和"艳"这两个关键词。"凛"是指从安静的紧张感中产生的带有锐利感的美，"艳"是指生命体的魅力和妖艳风韵。

4 魂动设计在车型中的应用

表 7-1 统计了从"CX-5"开始的魂动设计的主要应用
车型。

图 7-1 魂动设计最初的概念模型"SHINARI"

魂动设计是一种设计的哲学和思想，没有规定具体的设
计动机和形状。在马自达每位设计师都以魂动设计为基础，
但是具体的表现方法需要他们自由发挥。

105

例如，从 2019 年 5 月应用的 "MAZDA3" 开始，魂动设计进入第二代应用，且一直在挑战新的表现方法。

作为设计哲学的 "魂动" 方面没有什么变化。从长期构建马自达品牌的角度来看，设计哲学本身不会发生什么变化，但是为了带给用户惊喜和兴奋感，它一直在持续进行自我革新。

5　魂动设计的概念模型——"SHINARI"

2012 年 "CX-5" 面市之前，首次应用魂动设计并投入市场的汽车是 2010 年 9 月公布的紧凑型汽车 "SHINARI"。它是表现了魂动设计的目标方向性的概念模型。

该车型在全球获得了巨大的关注与喝彩。由于它不是量产车，因此比较容易用来展现理想。它也被定位为设计师的目标之一。

"SHINARI" 的新版本在公开时被形容为："全身充满力量，似乎马上就要飞出去的姿势展现着作为车身轴线的强韧的骨骼、把积蓄的力量一下子释放出去的瞬间爆发力，以及优雅柔韧的动作。"

"SHINARI"是在意大利米兰郊外举行的"马自达设计论坛"上公开的。意大利是汽车设计方面的世界中心，非常适合作为魂动设计的出道之地。

据说，在公开"SHINARI"的瞬间，汇集在论坛上的记者纷纷为它的美所震惊，非常感动。可以说，那也是魂动设计被认可的瞬间。在那之后，"SHINARI"获得了来自全球的专家和汽车爱好者的高度评价。

包括"SHINARI"在内，多数见过魂动设计的人都觉得它很美。其实，马自达的目标不是制造外表多么酷的汽车，而是制造优雅美丽的汽车。"看起来很酷"的评价反映了用户的主观嗜好。按照以超越用户设想的水平为目标的艺术思维，这种程度是不够的。

马自达所说的"优雅美丽的汽车"指的是作为作品的绝对价值远超标准水平的设计。魂动设计的前提是决不妥协，直到实现为止。绝对高水平的美能够超越好恶、观赏者的背景，带给人们感动。

很多在马自达公司内部从事设计开发、制造的技术人员和匠人也为"SHINARI"的超绝之美深深打动。前田育男认为，公司内部的影响和外部的评价同样重要。通过打动开发和制造的相关人员，可以让他们即使面对很多不合理的要求或难题也能和设计部门团结一心，通过自己的努力来完成魂动设计。

最终，很多相关人士都拥有了一种坚定追求理想的艺术思维的态度。如果没有这么强烈的动机，就无法实现魂动设计。

第8章 | **魂动设计的精髓**

1 有灵魂的生命感

在上一章中，笔者主要介绍了马自达发展到魂动设计的背景及其概要。本章将在具体内容的基础上，详细讲述魂动设计的哲学及其表达方法。

魂动设计的最大主题是生命感。即使是人工产物，也能通过在大自然中存在的具有生命感的美来打动用户。具体来讲，可以从以下两个方面为汽车注入生命感。

一方面，用户喜欢的不单纯是物品，还是一种能让他们感受到相亲相爱的家人之间才拥有的充满强烈爱意的设计，是一种只要购买了，就想一次又一次地看到它、触摸它的汽车。

有的用户甚至会像疼爱宠物一样对待汽车，给爱车起名字。汽车是与驾驶者一起创造并分享喜悦的伙伴。人能感受到物的美和可爱之处，就是因为能够感受到物的美和可爱所酝酿出的生命。

　　另一方面，设计要表达出对自然和生命所酝酿出来的美的崇敬和敬畏之情。前田育男认为，人发自内心被打动的美不在于人工产物上，而在自然中。

　　很多动植物在大自然中和天空、山、海、河流、云朵等共生。这种整体的壮大的和谐首先就是非常了不起的。自然由诸多要素构成，却能融为一体，展现出压倒性的美。作为街景中的一部分，汽车也同样需要具备这种和谐。

　　自然更了不起的地方在于每个动物、花朵等。作为整体的一部分，它们在展现出完美的和谐的同时，还展现着各自独特的个性。整体的和谐与每个个体的个性的平衡达到了理想的形式。

　　例如，前田育男很喜欢一个场景：在广阔的大自然中，一束光从云的缝隙中照射下来，刚好打在地面有生命的物体上。那一刻，只有那个生物在闪闪发光。当然，包括笔者在内，任何人都会为那种美所打动吧。

马自达汽车的设计目标正是像自然中的生物一样，具有和整体环境和谐的美，同时也具有明显的个性。

遗憾的是，现在车水马龙的街景算不上美丽，有些汽车的设计甚至可能对街景造成负面影响。

例如，很多设计夸张华丽的单厢车行驶在道路上反而会让景色更难看。魂动设计追求的是不妨碍景色和谐的具有统一感的设计。

此外，生命感的表现方式有多种，如第一代马自达汽车的车身整体采用了充满生机的有节奏的动作来表现，而第二代是通过有生命力的物体的氛围感或心跳的动作来表达生命感，主要运用了光的反射、映照等变化来表现。汽车的表现方式正在灵活地发展着。

毋庸置疑，为了表现生命感，造型和汽车表面的"表情"等设计非常重要。而与此同等重要的，是花费时间和精力来精心打造它。

最初在日本，人们相信精心打造的物品是有灵魂的。马自达在设计和制造的过程中也希望通过对汽车制造的浓烈热情和对每一个细节的完美追求来为汽车注入生命。

为了实现理想的魂动设计，马自达毫不妥协地极力提高完成度，确保从事开发或生产的技术人员和匠人都能全身心地投入其中，为制造和设计注入灵魂。

2 充满跃动感的美

汽车是一种人工产物，在欧洲的高速公路上会以时速100千米的速度来行驶，必然对设计有要求。也就是说，既要有充满魄力、冲击力的生命之美，也必须展现贴着地面行走的安定感。用户需要一种即使高速行驶也能放心的设计。

在设计部门，一提起既能保持稳定又能纵横无尽地优雅驰骋的情景，大家就会联想到在非洲大草原上高速飞奔的猎豹的跃动之美，认为那是最理想的。

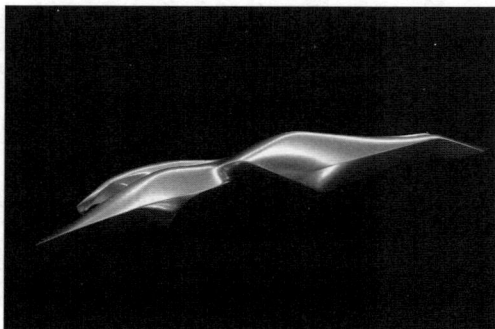

图 8-1 "魂动"的主题客体

根据这一话题，马自达的一名优秀的建模师制作了一个
表现艺术性的黏土模型，非常优雅，并获得了所有设计师的
认可。于是，这个模型成了魂动设计的主题客体，或者说是
神体（礼拜对象），归大家所有。

在哺乳类动物中，猎豹的速度名列前茅，时速可达 100
千米，6 秒内可奔跑 100 米。仔细观察猎豹奔跑的视频就能发
现，猎豹的速度快到让人看不清楚它细长的腿脚。但在奔跑
的同时，它的腿脚却能牢牢地抓住地面，完全不会脚步凌乱
或者跌倒，不会给人不稳定的感觉。

此外，在奔跑时，虽然猎豹的四肢在动态地忙碌着，但
它的头部基本是固定不动的，一直注视着奔跑的方向，动中
有静。它的脊背稳稳地前后活动着，通过扎实的姿势造就了
稳定感。马自达人为它锐利而优美的速度所折服。

猎豹在与非洲大自然的斗争中生存，令人生畏。同时，
它又具备金属制作的人工产物无法展现的压迫感和稳定感。
最重要的是，这些特征让猎豹的奔跑姿势具有一种动人心魄
的美。马自达的魂动设计团队选择猎豹作为魂动设计的主题
是非常明智的。

很多日本车在抓牢地面的稳定感所支撑的跃动美上不敌

欧洲的高级品牌车（如奔驰、宝马等），车身的姿态、轮胎的位置等都和用于表现美的理念不一致。

魂动设计一在努力使比例更接近理想。为了实现这一目标，马自达不得不从零开始思考车身形状（如引擎盖的高度、车门的位置等）、引擎和轮胎的配置等整体布局。

尽管汽车的构造设计中有很多困难的地方，但设计与开发、制造等部门仍能团结一心，寻求解决方法。上一章提及的"SHINARI"的成功就是一个很好的案例。技术部门齐心合力，推动着实现美丽的设计这一目标。

3　身份特色

魂动设计依据的身份特色的形成有赖于马自达培育的文化，以及日本历史上积累起来的制造哲学。

首先，日本拥有长久以来形成的世界一流的美意识。此外，还有马自达走过的历史、喜爱汽车的员工，以及诞生并成长于广岛的乡土文化。接下来，笔者将一一进行简单说明。

①全世界引以为傲的日本独特的美意识——减法美学、"凛"与"艳"

为了让马自达的设计赢得全世界的尊重，马自达尝试把历史中形成的典型美——日本独特的美意识作为身份象征。当然，不是把日本的材料或设计用在表面上，而是把美意识作为深层的精神支柱和哲学。

日本美意识的一个侧面是"减法美学"。日本有很多使用最少的要素来表现究极之美的事例，如只用白沙和 15 个大大小小的石头来表现大海与岛屿的龙安寺的石庭、在最小的空间里展现出广袤感的千利休的茶室、只用 17 个字来描写自然的俳句、灵活利用细腻的高汤和素材的味道做出来的日本料理等。

但是，用减法来表达美不是一件简单的事，它追求的不止是简单。包豪斯的校长、建筑家路德维希·密斯·凡德罗有句名言："少即是多（Less is more）。"极简主义的中心是德国，但日本的减法美学在思考方式上略有不同。

极简主义强调简单设计之美，而日本的减法美学重视去除多余的元素后表现出来的本质的、强有力的美和信息，是通过做减法来增加深度。

魂动设计也是如此，重要的不是简单的美，而是通过做减法来更强烈地表达出跃动感和生命感。

在日本，人们自古以来就拥有一种崇尚简单设计的独特的美意识。纵观佛像及寺院的建筑、园林，古朴却锐利的张力与生命的温度并存，营造出一种优雅的美。

20世纪30年代，德国著名建筑师布鲁诺·拉特曾在日本居住，对桂离宫的建筑和园林的美赞不绝口。他为简洁素朴、明快又具有深厚精神性的美所打动，通过现代化的解释，把日本独特的美意识宣传到了全世界（拉特，1962）。

其特点是简约之中蕴含着凝重的张力和独具风情的艳丽妖冶。甚至对于佛像，多数日本人都能对其魅力和美产生共鸣。例如，如来像凝重的氛围、菩萨像所展现的优雅风情等。"凛"代表的凝重张力与"艳"代表的艳丽妖冶象征着日本独特的美意识。

作为减法的结果，余白和空白也成为日式美的重要概念。以利用余白的作品风格而著名的狩野探幽、长谷川等名家为代表，余白成为日本画的一大特征。与著名的西洋画相比，具有很高的辨识度。

与其说是被什么都没有描绘的美所吸引，不如说是被余白吸引，人们能够感受到强烈的冲击。有田烧的柿右卫门瓷器和书法中，也有很多擅长利用余白的作品。

此外，对喜爱樱花的日本人而言，花落之际的美也是非常独特的。这也体现出日本人对四季更迭的喜爱之情，感伤于世事变迁的同时也能享受其中。日本有一种与诸行无常所表示的"所有事物都在不断变化"的思想共鸣的文化。

第二代魂动设计更强烈地反映了日本独特的美意识，尤其是减法美学、余白、变化等。通过光的映照所产生的光与影的变化，表现出纤细之美。这是一种反映了日本人纤细特性的感性的设计。通过光来表现移动变化，使人感受到物品的生命力和氛围。

②爱车且不断挑战的文化

马自达汇聚着非常多的汽车爱好者。毫无疑问，这也是其存在价值之一。企业愿景的开头一行写着"我们特别喜爱汽车"。马自达一直在追求能与引领着汽车文化和技术的欧洲车相媲美的驾驶性能。因此在日本车中，马自达汽车在欧洲的评价一直很高。

马自达汇聚众多汽车爱好者的原因有很多。其中，从 20

世纪 60 年代到 20 世纪 80 年代，转子发动机是全世界唯一量产化的发动机这一事实意义重大。当时，很多优秀的技术系学生为转子发动机的研发及马自达的挑战性文化所吸引，加入了马自达。

此外，采用可平稳旋转至高转速的转子发动机的跑车（Cosmo Sports、RX-7、RX-8）在勒芒（Le Mans）、代托纳（Daytona）等世界主要赛事中的出色表现也吸引了一部分汽车爱好者。在日本国内的比赛中，20 世纪 70 年代的量产车"Savanna RX-3"在巡回汽车赛上表现出了绝对优势。

正因为有喜爱汽车的文化，很多员工才会坚持思考如何打造超出用户期待的最棒的汽车。同时，由于每天都在思考汽车的问题，他们相信自己才是最能描绘出汽车应有之姿的人。他们希望探索出对社会和用户而言最理想的汽车，且致力于挑战并表达这种理想。他们践行的正是本书所提倡的产品制造的艺术思维。

实际上，也有很多出身于广岛和中国地区的人因为马自达的地域性而加入进来，他们起初或许并不是狂热的汽车爱好者。当地人有自己独特的广岛的身份特性，孕育了马自达的特色。除此以外，还有很多技术人员一开始加入马自达时并不是特别喜欢汽车。但成为马自达的一员后，受马自达文化的熏陶，他们逐渐对汽车产生了执着。

例如，在操作安全性能开发方面因为执着和专业性而在业内闻名的虫谷泰典，原本是以足球运动员的身份加入马自达的（现在的广岛三箭足球俱乐部）。在广岛工业高中，他被选为日本国家青年男子足球队成员。

但加入马自达后，受周围研发人员的影响，他变得比任何人都要执着，全身心地投入到了汽车制造事业中。他自述称，被分派到实验研究部后，受到了以满腔热情认真从事汽车制造工作的开发人员的影响。

产品制造的艺术思维要求所有技术人员和匠人立志高远，毫不动摇地从事开发、制造工作。正因为马自达具有众多汽车爱好者不断挑战理想的文化，才能实现艺术思维指导下的产品制造的要求。这就是马自达的身份特色。

③乡土广岛的强烈执念——自困境中复兴

马自达有很多来自广岛和中国地区的员工。很多人即使会去大城市的一流大学上学，毕业后还是会回到广岛。前田育男就是从京都的大学回来的。笔者读大学时去了大阪，毕业后也是选择了回到家乡的马自达工作。当然，其中也有喜欢广岛的因素存在。

马自达珍视熟练工和技能人员，具有强化技艺的文化。而从历史上来看，广岛曾经制造业兴盛，有大批的匠人，这一点也是其文化的根源。

中国地区则具有丰富的砂铁资源，制铁业发达。历史上曾经有一段时期，日本半数以上的铁都来自广岛附近。江户时代流行"たたら製鉄"（也称为"大锻冶""踏鞴"），锉刀、剪刀等手工艺非常兴盛，培育了很多优秀的匠人。

此外，从明治时代开始，以军港吴港为中心，日本造船业曾经兴盛一时。在第二次世界大战之前，这里成为海军的基地，大和战舰就是在吴海军工厂建造的。这里还是《在这世界的一隅》等众多名作的舞台。战后，马自达接收了很多来自造船业的优秀匠人。

马自达数次从困境中复活的执念也和广岛的基因紧密相连。1945 年 8 月 6 日，广岛遭受了原子弹袭击，市内几乎被焚烧殆尽，马自达也因此失去了很多员工。那天恰逢马自达创始人松田重次郎（1875 年 8 月 6 日出生）70 岁的生日。

在那之后，市民们开始拼命谋求复兴。松田重次郎也决定举全公司之力投入广岛的复兴运动中。广岛县厅借用了一年马自达的工厂进行办公。马自达在原子弹爆炸 4 个月后的 1945 年 12 月重新开始生产三轮卡车，为广岛增添了活力。

尽管在那之后经历过数次业绩恶化，马自达依旧顽强地重新振作了起来。受石油危机、泡沫经济崩溃、"雷曼危击"等影响遭遇赤字危机后，不少人曾提出辞职的想法。而那些共同经历过困难时期的伙伴，更能带给人顽强拼搏的动力，让马自达拥有一种享受低谷的强大。

很多广岛人都有一股不服输的个性，广岛棒球队的狂热粉丝就是其中的典型。前田育男也承认自己是不服输的个性，周围人都同意这一点。创造不输全世界的最棒的汽车制造的浓烈热情也得益于此。马自达人不做半途而废的产品，决不妥协，坚韧地想要做到最好。

4　带给人感动的完美的完成度

①不断重复自问自答

前田育男认为，根据用户要求制作出来的产品很难带给人感动。而且最重要的是，这不是专业人士的工作。

相信自己打心底想要做，打造出对用户而言最理想的汽车。这种做法结合了买方市场和从产品出发向市场推广的方式的优点，但更接近后者。然而，结果如果无法比听取用户要求的方式带给人更大的感动，这种做法就毫无意义。这是艺术思维需要具备的条件。

从产品出发向市场推广的方式只是自己的狂欢，这是最糟糕的情况。相比之下，买方市场更好做一些。进行不迎合用户的产品开发，要做好充分的心理准备。如果做了自己认为理想的产品，却不为用户所接受，那就相当于否定了自己。

因此，马自达的所有设计师和开发相关人员都会带着强烈的紧张感投入工作。前田育男希望全员成为艺术家，也是希望大家都能一直保持高昂的志气和紧张感。

前田育男尤其强调认真对待作品的态度和其中所要花费的时间的重要性，要求研发人员反复自问"这是否真的是自己想要达到的目标"，从而使目标和方向渐渐明晰起来。

需要注意的是，设计并非只有一个正确答案。只有彻底思索自己是否真的做到了极致，才能真正做出能够带给人感动的作品。

如上所述，不仅是用户，产品也必须能够打动公司内负责设计、制造、营销等的所有员工，从而在公司掀起一股实现理想的热情。

这种强烈的热情有助于催生出众的产品，让优秀的产品获得用户的喜爱，从而在市场竞争中获得成功。而市场上的成功会进一步提高公司内部的动力，最终形成良性循环。

②毫不妥协的完成度

必须坚持毫不妥协，直到做出能够带给人感动的设计。前田育男不是在 2009 年担任设计负责人之后才突然急于追求理想的。在担任设计本部部长之前，他从做设计师开始就一直是这种态度。绝不可以做半途而废的汽车并投入市场，他一直贯彻着这一信念。以下，前田育男担任本部部长之前的经历由延冈、木村（2016）详细记述。

前田育男最初被任命为首席设计师是在 2001 年他负责运动车"RX-8"的设计时。

出于一些状况，上一任首席设计师突然卸任，前田育男被任命为继任者。当时，产品开发已经取得进展，但是前田育男看过正在进行中的设计后发现，那些设计和运动型汽车应有的样子相去甚远。他认为，想要打造理想的运动型汽车，必须从整个骨骼（外形框架）开始改变。

当时，产品开发的所有领导都是从福特集团委派过来的，而前田育男还只是刚满40岁的年轻设计师。他们认为，前田育男一定会毫不犹豫地接受首席设计师的位子。

但是，前田育男却对开发部门的领导说："这不是我所认为的运动型汽车的正确比例。即使做出来，也绝对不是能够名留青史的汽车。即使延迟半年上市，也应该从骨骼开始重新做。如果不能这么做的话，就请把我降职吧。"就这样，虽然"RX-8"延期半年投入市场，但包括设计在内，汽车整体受到了广泛好评。

前田育男接下来作为首席设计师负责的是2007年5月问世的"Demio"。当时召开过专题讨论会，内容是完成设计的模型，以企划部门为核心让用户参观并评价（为了践行艺术思维，现在马自达已经不再做专题讨论会了）。

结果，用户的评价非常高，但前田育男却无法赞同。在那之后，他还注意到，不得不连续销售六年的设计在当时居然不可思议地获得了好评。

按照艺术思维，是否达到了设计师自己所认为的理想远比用户的评价更重要。因此，马自达在开发产品的过程中大幅改动了已经确定好的设计。结果，汽车晚了三个月面市，但是获得了日本汽车界殿堂级奖项年度汽车设计（Car Design of the Year），在市场上获得了巨大成功。

在很多日本的大型企业中，管理者一般会选择遵守日程安排，而不是尽可能提高产品的完成度。在人事评价上亦是如此。由于误期延迟会遭到批评带来不好的影响，一般的日本企业都会尽量避免。但是按照艺术思维，决不能做半途而废的产品，应该以追求理想为最优先。

最初采用魂动设计的汽车"Atenza（MAZDA6）"也是在开发的最后阶段进行大幅改动的。这违反业界常识，却获得了成功。

前田育男担任设计本部部长时，预计 2012 年秋季面市的新型"Atenza"已经基本完成了设计。但如前所述，2010 年 9 月发表的"SHINARI"获得了公司内外的巨大支持。因此，马自达在"SHINARI"的基础上大幅更改了新款"Atenza"的设计，致使其延迟了大约半年时间才投入市场，这在当时是无法想象的。

马自达能够做到这种程度在于"SHINARI"的设计实在太美了，任何人看了都会赞叹。这就是应该更改的理由，也是能够改动成功的理由。

无论是对最高领导层，还是对设计开发者或者工厂来说，采用魂动设计都是一项巨大的挑战。但是，很多人纷纷表示："希望能够亲手为用户打造出这么美这么酷的车。"

③坚持到最后的设计评价

前田育男对于设计是否放行的标准非常简单。据说，他只要看一眼设计的速写或者模型就能做出判断，且绝大多数情况下首席设计师们对他的评价都没有异议。

达到艺术水准的作品是指即使没有说明也能打动人心的产品。也就是说，魂动设计必须在被看到的时候能够立刻传达魂动设计的哲学，带给人感动。

这需要具有超越用户设想的令人惊叹的美。因此，前田育男一直希望设计能超出自己的设想，恰如预期是不行的。这也是一个重要的判断标准。

只要前田育男不认可，设计就无法进行下一步。有些设计师甚至用"敲了上千次（前田育男的）门"来形容设计的不易。

例如，长年担任"Roadster"首席设计师的中山雅这样形容："陶艺家总是做出作品再破坏掉，做好了再破坏掉，直到做出满意的作品为止。在马自达的设计中心也是这样，每天都在发生同样的事情。"

由于要求标准高，设计师感受到了强烈的紧张感和严峻感。尽管如此，大家还是非常信任前田育男，希望和他一起共同努力。中山雅如此评价：

"关于大家能够努力做到极致的原因，简单来讲，前田育男的向心力是一个非常重要的因素。他是一个非常有精力和韧性的男人，原来参加过柔道部，出身于体育系。他振作的方式和其他人不同，会做得很彻底，做到极致。自己满意的设计作品被前田育男否决后，我又一次一次地重做，结果真的能好很多。"

在产品开发过程中，设计师们经常遇到临近截止日期还是达不到标准的情况。当然，前田育男不会点头通过，设计师也不会妥协，而会一直努力。据说，经过这样孜孜不倦的努力之后，设计师们都拿出了很好的作品。正因为经历过这种艰难的时期，才会诞生非常棒的设计。

通过不断积累经验，现在不仅前田育男，马自达所有的设计师都在以符合艺术思维的、非常高难度的标准为目标。同时，这一做法也强化了马自达内部的信赖关系和羁绊。

5 第二代魂动设计—— "MAZDA3"

自 2012 年 "CX-5" 问世起，魂动设计吸引了全世界的目光，其获得的众多奖项就是很好的证明。从 2019 年开始，第二代魂动设计开始应用到汽车上。最初采用的是 "MAZDA3"。这款车以前叫 "昂克赛拉"，后来更改了名称。"昂克赛拉" 发售于 2013 年，时隔六年变更了模型。

在这段时期，像 "昂克赛拉" "Atenza" 这样的固有名词称呼都被取消了，改为用数字和符号来表示，如 "MAZDA-3" "CX-5" 等。理由之一是马自达要打出自己的身份特色——是所有马自达汽车的整体身份特色，而不是个别车型的。

第二代魂动设计升级了表现方法，其继承并强化了作为中心哲学的 "为汽车注入生命" 及动、凛、艳等基础理念。此外，由于设计必须不断超越用户设想，带来新的惊叹与感动，因此魂动设计必须不断升级进化。

第二代魂动设计的第一款汽车 "MAZDA3" 是一个非常重要的车型。首席设计师任命的是主力设计师土田康刚。结果，该车在全世界获得了巨大成功，斩获了全球年度最佳设计新车 2020 大奖。荣获该奖的，是当年推出的新车中被评价为最美车型的汽车。

要强化已经取得成功的第一代魂动设计并非易事。初代的魂动设计通过复合组合多种具有肌肉质感的动作的造型，展现了富有节奏的生命感，是非常成功的。

起初，马自达尝试从加强新一代的肌肉质感、进一步提高强有力的跃动感的方向着手研究。尽管取得了非常大的进步，但是由于方向没有改变，因此很难再带来超出设想的感动。于是，前田育男中止了这一方向上的研究，决定再次从零开始。

即使一年多的努力化为了泡影，前田育男也没有妥协。他认为，一直采用类似的表现方法是无法再次打动全世界的专家和用户们的。

第二代魂动设计尤其着力于展现比第一代更强烈的日本独特的美意识。

魂动设计的基础理念和表现方法已经获得了全世界的认可与好评，而此次马自达更希望突出自己的个性和身份特色，利用深层次上带有的日本设计特色来震撼世界。

图 8-2　"MAZDA3"

　　日本独特的美意识在长久的历史中凝练出无与伦比的强大，可以说它在数世纪前已经领先于全球的极简主义趋势。它并不强势，但纤细优雅的美却在全世界都是耀眼的存在。通过利用日本制造的产品来表现日本独特的美意识，能够让魂动设计跻身世界一流。

　　换句话说，最初的魂动设计在"动""凛""艳"之中侧重表现"动"的跃动感，而第二代更加重视表现与日本独特的美意识相通的"凛"和"艳"。其尤其擅长运用减法美学，以不华丽但优雅、神秘的手法来展现耀眼的光影之美。

　　得益于在下一章中详细说明的油泥建模师的贡献，通过前所未有的研究尝试，马自达成功找到了能让人强烈意识到日本独特的美意识的生命感的表现方法。

　　具体来说，2015 年在东京车展上公开的"RX－VISION"
是概念车，马自达决定把它的主题也应用在"MAZDA3"上。

　　新的表现方法的特征是，通过光的反射，使人在不同的
观看角度看到各种各样的"表情"，感受到生命的活力和细
腻的跃动感。由于光线会从车身的表面反射出来，因此不需
要设计动态特征线。

　　汽车设计一般会通过附加的特征线来表现动感或突出重
点。但是"MAZDA3"在免去所有这些后，依然能够表现出
生命感。在这个方面，减法美学发挥了真本领，很好地表现
出了日式审美的特征——"余白""变化"的效果。

图 8-3　"RX－VISION"

第二代概念车"RX-VISION"首次在欧洲展出时，一位意大利专家给出的赞美令前田育男非常高兴。

"这个设计的美震撼了我。它让我感受到了我在日本的寺庙中所感受到的同样锐利的紧张感和气场。"

之所以感动，是因为他感受到的是深层次的日本独特的美意识，而不是表面的美。遗憾的是，在日本似乎从来没有人给出过这样的评价。正是以日本的身份特色为基础的价值，让马自达明确获得了较高的全球范围内的存在价值。

通过这种崭新的表现方法，"MAZDA3"突出了日本独特的雅致且纤细的美，荣获了"全球年度最佳设计新车2020"等诸多奖项。

在设计"MAZDA3"时，马自达人并没有轻易满足于点滴成效，而是坚定信念，毫不动摇地努力到了极致。据悉，即使在获得最高经营管理者的认可后，设计部门还是推翻了原本的设计。

他们认为，新车的目的在于表现自己的理想，因此是否完美表达了自己的理想比获得领导的认可更重要。相比于用户调查或者公司内部的评价，马自达人更愿意以自己的理想为先，这就是艺术思维。

第 **IV** 部

——

魂动设计的实现

——匠人技艺与品牌管理

单凭设计师是无法完成魂动设计的目标——以艺术思维为指导的设计的。对马自达而言，技术人员和匠人的深厚功力与坚定信念尤其不可欠缺。魂动设计需要运用前所未有的表现方法，达到一般的量产方式所无法想象的高精度，因此需要具备掌握高超的熟练技术的匠人的技艺。

第9章将介绍马自达特有的职务、对魂动设计做出重大贡献的油泥建模师的作用。部分油泥建模师能够像雕刻艺术家那样展现出世界一流的美。

第10章将介绍生产技术人员和金属模具师的工匠技艺。没有把精致的立体造型、曲面美与量产相结合的制造技术，作品就无法完成。除此以外，本章还将讲解涂装（色彩）设计、制造技术，以及与车辆设计相关的制度。

第11章将介绍经营管理方面的内容，如魂动设计的表现方法、与用户的接触点等。艺术思维是一种思想的表达，因此魂动设计的表现方法或展示方法需要格外用心。以此为目的，马自达的设计部门设置了名为品牌风格统筹部的部门，意在将马自达的世界观传递给用户，并且通过让用户不断积累这种体验，形成强大的品牌优势。

第 9 章 | **造型艺术家**

——油泥建模师

1　油泥建模师在马自达的独特作用

马自达的设计能成为世界一流的存在，主要归功于油泥建模师的贡献。马自达一直重视发挥他们作为艺术家的才能。其中，有几个人没有辜负期待，发挥出了超强的能力。

为了为汽车注入生命使之达到打动用户的高度，需要在立体造型上体现高超的工匠技艺和创造力。因此，马自达不仅需要拥有能够进行平面绘图的普通设计师，还需要借助像雕刻家一样能够制作立体模型的油泥建模师的力量。

①油泥建模师在马自达的地位

原本，油泥建模师是指把设计师画的平面设计图（草图）用黏土做成立体模型的手艺人。

黏土加热后非常柔软，可以揉捏，冷却后会凝固，可以用刮刀等金属工具进行雕刻等加工。油泥建模师一开始会制作多个四分之一大小的模型，待确定最终方案后再制作与实物同等大小的模型。

设计师一般在设计高等院校，即美术大学（多磨美术大学等）接受过专业教育，但是油泥建模师一般多出身于专科院校或者工业高中。设计师接受的是成为创造者的教育，而油泥建模师接受的是专业技能人员的教育。

因此，油泥建模师一般负责制作忠实表现设计师想法的模型。出于这层关系，企业都会把油泥建模师和设计师组成一个团队来工作。作为切削黏土来制作模型的手艺人，油泥建模师在成型设计方面一般相当于设计师的辅助角色。

但是，马自达对油泥建模师的定位不一般。马自达把优秀的油泥建模师放在与设计师同等的位置上，让他们共同从事设计造型。

马自达的油泥建模师的成型能力历来在全球的汽车生产企业中处于顶级水准。

油泥建模师中的关键人才在设计的创造力上具有不输给

专业设计师的能力。从组织作用上来讲，对作为手艺人的油泥建模师一般没有艺术贡献方面的要求。但是在马自达，他们的艺术作用被正式认可。

如今，汽车设计流程的效率越来越高，既能用 3D-CAD 来绘图，也可以根据成型数据，使用 NC 切削机器来自动做黏土建模。此外，近年来，各种 3D 打印技术也逐渐开始普及。

就这样，汽车造型方面的数字技术和自动加工技术飞速发展起来。利用这些技术，无须费力就能够在短时间内高效率地完成优秀的设计。

但是，马自达从捷出魂动设计开始就一直与大趋势背道而行。其没有过度依赖数字技术，而是比以往更加重视用手打造作品的油泥建模师。只有借人的手为作品注入灵魂，才能打动人心。

当然，要想做出达到艺术水准的设计，模拟在油泥建模师的工作中必不可少，因此马自达不会拒绝或否定新型数字技术。

例如，对于黏土模型中无法进行评价的部分，马自达比以往更加重视发挥利用 CG（Computer Graphics，计算机动画）的数字建模师的作用。

②人事制度的改革——工匠建模师的设置

汽车由具有复杂面的立体造型构成。从这种意义上来讲，它具有和作为艺术品的雕刻作品相似的部分。

试想一下雕刻家创作作品的过程。毋庸置疑，相比于在平面上表现的速写和设计，用手触摸、切削立体对象使之变形的过程更能提高作品的艺术价值。

但是，马自达不会强行让油泥建模师发挥作用。他们都是具有高超的艺术成形能力的人才，马自达愿意为他们提供活跃的舞台。当然，这并不意味着油泥建模师的贡献一定比设计师更大。

前田育男明确表示，创造能够带给人感动的设计才是目的，并不拘泥于是设计师还是油泥建模师在主导。将创作过程不同的两者融为一体，创造出更加优秀的设计，这才是目标。

因此，能够使两者真正携手创作的机制非常重要。马自达一直注重采取措施，让油泥建模师能够发挥潜在的艺术创造力。

首先，马自达不要求油泥建模师必须完全拘泥于设计师的速写，他们可以自由解释并发挥。前田育男的做法让油泥建模师兴奋不已："我们可以自由地表达感情，在造型中注入强烈的信息和灵魂，不按照速写来也没有关系。"

结果，即使以设计师描绘的同样的速写为基础，不同的油泥建模师也能完成完全不一样的模型。因此，比起设计师的辅助角色，油泥建模师更像共同创作的伙伴。

为了实现以艺术思维为指导的魂动设计，需要发挥像雕刻家一样切削黏土的油泥建模师的创造才能。

以往，马自达在人事制度上也曾走过弯路，倾向于按照行业内的常识，把设计师当成产品设计的核心。

在人事制度上，出身于四年制的美术大学的设计师一般多按照普通大学毕业的技术人员来进行管理、晋升，而专科院校或工业高中出身的油泥建模师没有升为管理职务的途径。前田育男认为，如果不能改变这种情况，就无法让优秀的油泥建模师与设计师携手，最大限度地发挥才能。

要想让油泥建模师作为创作者发挥作用，至少要为他们准备与设计师同等的职位。于是，前田育男决定任命优秀的油泥建模师担任"工匠建模师"等管理职位。这是一种创新性的人事制度改革。

工匠建模师的正式名称是"创意专家（Creative expert）"。截至 2020 年，已经有数位人才就任该职。

③ "创意团队"的设置

确立工匠建模师的人事制度后，第一个被任命的是野田和久。他于 1988 年毕业于工业高中，之后加入马自达。在众多优秀的油泥建模师中，野田和久在创造成型方面发挥出色。在马自达开始研究魂动设计的时候，野田和久恰好结束了派驻美国加利福尼亚州的设计工作室的工作，回到了日本。

为了最大限度地发挥他的才能，马自达没有让他从事特定车型开发，而是让他用黏土自行研究适合魂动设计的造型。以此为目标，马自达成立了由野田和久率领的全新的"创意团队"。

这个团队主要研究在没有设计师的草图的情况下，油泥建模师如何用立体成型表现出理想的美。马自达正式设立了某种程度上与设计师独立开来的、可以自由地运用立体造型进行研究设计的团队。创意团队的设置与工匠建模师的人事制度共同完善了使油泥建模师发挥才能的机制。

创意团队选拔的都是油泥建模师中的精锐。创造出以猎豹为主题的概念模型的相川正志、负责创作决定魂动设计方向的"SHINARI"的野崎亮介都曾是该团队的成员。

笔者此前提到过，在马自达，即使要根据设计师的草图来制作黏土模型，油泥建模师也可以自由解释并发挥，但是创意团队完全可以从零开始从事创作活动。因此，他们承担着不同于其他公司的普通油泥建模师的重大责任。

更重要的是，由于有了这项制度，具有才能的油泥建模师得以接受培育，成长为创造性人才。在以掌握技能为目标的人才中，其实也有不少具有艺术才能的人。遗憾的是，他们在除了马自达以外的生产企业往往得不到充分发挥艺术才能的机会。

2 油泥建模师的存在意义

①油泥建模师的贡献

从以下两点意义上来说，油泥建模师在马自达汽车的设计方面做出的贡献远比其他公司要大。

第一，在魂动设计的立体造型中，车身曲面的微妙形状、面的延展方式等非常关键。在这一点上，善于进行立体造型的油泥建模师有很大的发挥余地。

第二，魂动设计要求为汽车注入灵魂。要想融入创作者的情感，像雕刻家、陶艺家一样耗费工夫进行手工切削和打磨的过程非常重要。从这一点来讲，在马自达，手工完成切削等工作的油泥建模师做出了很大的贡献。

为了表达魂动的核心概念——"动""凛""艳"，要在造型或面上表现出它们各自的特征。这时候，油泥建模师的贡献是必不可少的。

以"动"为例。它要求表现出肌肉隆起时的有力动作。由于切削方式略有不同，表现出来的动作看起来完全不一样。"凛""艳"则需要更精细的立体造型。既要创造出具有凝重张力的曲面，又要打造出光彩夺目的样式和面貌。此外，第二代魂动设计要表现出生命感，光影在车身上的反射变化非常关键。

单凭设计师的平面绘图根本无法完美表现出造型或表面的细节部分。唯有利用立体造型，才能通过车身在雕琢感、张力等方面的细微差别带给用户不一样的感动。

虽然笔者一直强调油泥建模师的贡献，但其实在创造的过程中，他们也从设计师那里得到了很多智慧和启发。设计师把全新的创造性的想法以速写的方式描绘出来，而油泥建模师会根据自己看到草图的感受来制作模型。这是设计师和油泥建模师的共同创作。

②用切削方式注入灵魂

为了创造出能唤起感动的造型，必须仔细观察并用手触摸切削后的曲面，留意 0.2—0.3 毫米大小的细微不同之处。油泥建模师会反复添加和削去黏土，不断重复操作，直到制作出充满艺术气息的曲面和线条为止。

油泥建模师对设计师描绘的草图的解释方式不同，切削方式也各具特性。因此，油泥建模师会自己制作工具，以使工具符合自己的切削方式。

此外，油泥建模师也有自己偏爱的特定的面或线。即使是同样的曲面，根据油泥建模师切削方式的不同，给人的感觉也会有微妙的差异。这是活生生的具有熟练工匠技艺的人才能完成的创作过程和表现方法。

据工匠建模师浅野行治（创意专家）说，即使是同样的曲面，不同的油泥建模师做出来也会有一些不同。"同样是专业棒球投手投出的时速 150 公里的直球，不同投手投出来的旋转方式也会有微妙差异，有的很好击中，有的很难击中，这与油泥建模师的工作是一样的。"浅野行治说道。

之前提到的首席设计师中山雅如此评价浅野行治。

"马自达汽车有一种我们称之为'浅野面'的表面，能散发一股很独特的无法用数据表现的味道。我想他（浅野行治）是无意识做出来的，但这一点很好，刻意去做反而会变成冰冷的东西。就像做佛像的手艺人一样。雕刻佛像的人往往窝在山上，专心致志地进行创作。"

为了给物品注入灵魂，需要这种只有活生生的具有熟练工匠技艺的人才能完成的创作过程和表现方法。甚至要像佛像雕刻师那样摒除希望作品畅销的杂念，持有正面对待制造的态度。

③魂动主题开发中的客体的活用

马自达执着于只有手工才能做出来的艺术形式，以各种方式发挥油泥建模师的才能。其中，主题制作就是一个典型事例。笔者此前介绍过的猎豹客体是初期的代表作，为魂动设计的诞生做出了巨大贡献。

在后续一般的新车开发中，从设计的初期阶段开始，油泥建模师都会制作各种形态的客体，研究什么样的样式或面貌更能打动人心。有时候，他们会制作数十个形态各异的"主题客体"，把其中的一部分应用到实际成型中。

在猎豹这一客体诞生以前，油泥建模师制作的客体在魂动设计的诞生阶段发挥了非常重要的作用。在魂动设计确定下来之前，设计部门就一直在讨论研究"动""凛""艳"的方向性。最终，以前田育男率领的创意团队为核心，油泥建模师自主制作了各种形状来研究"动""凛""艳"的表现方式。

例如，为了研究"凛"的表现方式，他们曾经考虑过各种通过"凛"能够想象到的相关语言、汉字，并且用黏土制作出来进行评价，尝试把"凛"拆解为"紧张感""凛然的样子""神圣、庄严而美丽"等语言。这一阶段制作的很多模型形状与汽车完全没有关系。他们不断地讨论，利用各种手法来研究什么样的形状、表面能够表现出跃动的姿势、凝重的张力和妖艳而有深度的美。

如果只依靠设计师用草图来探讨，很难完成这项研究。最终，创意团队成为中坚力量，制作出了猎豹这一客体，成了满足魂动设计目标的概念模型。

在量产车方面，马自达也一直在有效地利用客体。其中，2015 年公布的运动型汽车"Roadster"尤其重视艺术形式，客体和油泥建模师在其中发挥了很重要的作用。

在设计师画草图之前，油泥建模师已经开始想象新研发的"Roadster"，自由制作出了具有跃动感的妖艳的形状和表面充满质感的客体。很多客体既没有轮胎，也不是常规汽车的形状。

按照一般的开发流程，在设计师画完草图后，油泥建模师才能参与进来。多数情况下，设计师发挥着先导性作用。但是在"Roadster"的开发中，在造型初期阶段最具创造性的艺术性过程中，油泥建模师担当了主角。

这个例子也表明，马自达在创造性阶段也把设计师和油泥建模师放到了同等重要的地位。

此外，"Roadster"也和 2020 年的"MAZDA3"一样，荣获了 2016 年的全球年度最佳设计新车大奖。

3 在第二代魂动设计中的贡献

魂动设计从"MAZDA3"开始向第二代发展。其中，油泥建模师发挥了非常重要的作用，做出了很大的贡献。正如笔者在"MAZDA3"的设计开发中已经说明的那样，展现其方向性的最初的概念模型是 2015 年东京车展上公开的"RX-VISION"。

新的设计去掉了车身侧面的特征线条，用光的阴影（反射）和变化来表现纤细的美和生命感。当汽车移动角度或者观看角度不同时，车身面板上映照出的景色也会发生变化，展现出光影变化时的各种表情，从而让人感受到鲜活的生命气息，品味纤细而富有戏剧性的美。

在表现手法上，从侧面看去，车身面板做成了超出常识的凹面形状，这一点非常关键。从这种充满个性的方法上获得灵感，总结出"RX-VISION"的整体形态的正是上述提到的初代工匠建模师——野田和久。

野田和久根据设计师画好的草图，按照自己的感觉，选择出那些没有人注意到的、没有采用的方案，随意地做成了黏土模型。虽然这个方案巧妙地利用光线做出了妖冶的光泽感，但是为了表现出来，车身面板需要做成凹面形状。

截至 2020 年，野田和久与创作出了"SHINARI"的野崎亮介都担任着工匠建模师的最高职位，是马自达仅有的两名

图 9-1 "VISION-COUPE"

高级创意专家。

据悉,"RX-VISION"的模型完成后,设计师们聚集到一起仔细观察,纷纷表示这是一个奇迹,具有超出自己想象的令人心动的美。该作品最大限度地表现出了野田和久高超的创造性造型能力。即使画出最初的草图的设计师也看不出来这是根据自己的图做出来的。

正是由于油泥建模师经常用立体造型而不是平面造型来想象,才能得出这么惊艳的成果吧。这也是彰显第二代魂动设计所要表达的生命感的瞬间。

2017年,继"RX-VISION"之后发表的"VISION-COU-PE",以及在"MAZADA3"的基础上诞生的"KAI CONCEPT"

也采用了同样的主题，成为新一代魂动设计的象征。

"MAZDA3"的设计能够获得巨大成功，原因在于"VISION"及"VISION-COUPE"创造的第二代魂动设计的生命感的表现方法极具魅力。

图 9-2 "KAI CONCEPT"

第二代魂动设计更加突出表现了日本独特的美意识，强调"凛"和"艳"——这一点笔者已经说明过了——并通过概念模型"RX-VISION"和"VISION-COUPE"表现出来。

充满富态而优雅风情的"RX-VISION"象征着"艳"，以锐利的硬质感表现出张力的"VISION-COUPE"象征着"凛"。

由于第二代魂动设计组合了凹面曲面，因此无法用以往的工具来制作黏土模型。于是，油泥建模师重新打造了能够在更大范围内切削出柔和表面的大型工具。同时，为了使新工具发挥作用，其还改变了制作模型时的身体动作和切削方式。油泥建模师一直在挑战新的研究。

图 9-3　油泥建模师高梨雄大

　　除了油泥建模师，巧妙利用计算机动画（CG）的数字建模师也做出了很大的贡献。第二代魂动设计要通过光的反射和阴影的形成方式来表现生命感，而仅凭油泥建模师很难完成各种研究讨论。

　　因此，马自达决定由数字建模师使用 CG 进行模拟，通过改变光的照射方式，研究光和影在车身表面上的变化。

　　数字建模师的人数和油泥建模师一样增加到了数十人，反映出了数字建模师的重要性。此外，他们之中也有人成了工匠建模师（创意专家）。未来，数字建模师将活跃在更多领域。

正如笔者此前说明的那样，只依赖在平面绘图上提出创意想法的传统设计师很难把立体造型做到堪称作品的程度，无法完成艺术思维的目标。因此，马自达充分发挥了身为立体造型专家的油泥建模师和数字建模师的作用。这种把建模师当成艺术家使其发挥作用的机制在全世界的汽车行业中都是很少见的，是重要的创新。

目前，CAD、CG 发展迅速，设计师能够比以往更轻松地画出美丽的设计。在这种趋势下，手工做活儿的匠人技能发挥关键作用的油泥建模师反而更加活跃。

立体黏土模型不同于草图，容不得半点马虎。对于在自问自答的同时花费大量的时间和精力、以完美为目标的马自达来说，油泥建模师的存在极其重要，这一点相信大家应该能够理解了。

但是，马自达并不要求所有的油泥建模师都要做出超越设计师的创造性贡献。实际上，在马自达的数十名油泥建模师中，能够达到艺术家程度的具有罕见才能的油泥建模师也只有寥寥数人，如打造出"SHINARI"的野崎亮介，以及打造出"RX-VISION"的野田和久。

能够忠实再现设计师的想法并具有高超的传统技能的油泥建模师也能够发挥非常重要的作用。马自达内部活跃着两种油泥建模师，一种能发挥创造性才能，另一种能用高超的技能辅助设计师完成设计。

第 10 章 | **达到艺术水准的产品制造**

1　与产品制造的一体化

为了实现形状和表面复杂而纤细的魂动设计的商品化，负责量产技术的生产技术人员和制造负责人至关重要。以往，企业里明确分为前工序和后工序，由设计部门负责设计，由生产部门进行量产。现在，许多汽车企业仍在采用这种模式。

但是，创造能够打动用户的达到艺术水准的作品需要将设计和生产融为一体。试想一下雕刻作品。毋庸置疑，雕刻家既要负责造型设计又要负责制作，汽车行业也是如此。实现具有较高艺术性的设计，离不开生产方面的熟练技能。

以往，马自达也经常发生这样的事，即使拿出了具有美丽形态的设计，生产技术人员也有可能驳回："我们做不了这种形状的冲压加工（使用金属模具制作车身形状的加工），请重新修改设计。"

人们一直认为，生产制造部门的作用是在开发部门送来的图纸的基础上低成本、高效率地进行大量生产并确保产品品质。

但是，随着魂动设计相继成功，生产技术人员不再以无法做冲压加工为由拒绝生产，而是变得渴望与设计部门共同创造能够带给用户感动的艺术性产品。

车身的曲面即使仅相差 10 微米，都有可能变得更美或者更糟糕。为了追求艺术性，除了设计师和油泥建模师，金属模具制造以及冲压等技术人员也要具备与艺术家同样的思想。

但是，一味追求理想，使用复杂困难的制造方法会面临成本问题。因此，生产技术的课题之一就是如何低成本地实现高度的艺术表现方法。马自达历来擅长在生产技术上兼顾两者，并让其为实现魂动设计做出贡献。

在坚定贯彻艺术性和成本两者兼顾的过程中，制造流程整体的完成度得到了提高。此外，成品价值的深度和厚度也会随着投入的时间和精力的增加而增加。

2 渴望制作魂动设计

① "SHINARI" 的冲击

制造负责人真正认真参与进来，很大程度上得益于概念模型 "SHINARI" 的出场。据悉，由于它的美令所有观赏者惊叹不已，冲击力十足，很多技术人员纷纷表示想要一起制作它。

一直在马自达统筹负责所有生产技术的安达范久（截至 2020 年担任技术本部部长）也是其中之一。他在 2010 年左右参加了 "制造革新" 活动，深入思考过生产技术的作用和存在意义。最终，他转变了思想，认为生产部门和工厂不仅要高效生产产品，提高产品的价值，还要降低成本，提升产品的魅力。

随着这种意识的转变，设计部门提出了 "SHINARI" 的方案。安达范久认为，它是目前所有设计中最美、最酷炫的汽车，深受感动。同时，他也清楚地意识到要想将它生产出来还面临着许多问题，发誓一定要把这种魅力与生产联系起来。

他心里涌上一股豪情，渴望和设计师、设计人员一起把它做出来，提高马自达的品牌价值。

如果只作书面宣讲，例如我们要做名留青史的设计、为物品注入生命等，恐怕难以让技术人员和匠人打心底里产生共鸣。

要想让技术人员率先克服诸多障碍投入魂动设计，需要通过优秀的实务指导来真实地打动他们。从这个意义上来看，为了让魂动设计走上轨道，"SHINARI"发挥了巨大作用。

在那之后，"CX-5"开始的新一代量产车也采用了同样的做法，外观设计获得了用户以及专家的高度评价。以热销款"CX-5"和"CX-30"为代表，销售数量是非常可观的。技术人员的努力结出了硕果，他们为口碑和良好的营业额做出了贡献，不断积累着成功体验。

每年都有很多技术人员和匠人转变思想，喜欢上魂动设计，即使面对按照普通的做法根本不可能实现的挑战，也能通过自己的努力想办法实现它。促使这一热情火焰点燃整个公司的机制之一就是接下来要说明的"设计策略级联"。

②设计策略级联

践行艺术思维需要持有高举理想、绝不妥协的吃苦奋斗的态度。能够轻松做出来的东西里面是没有灵魂的，前田育男一直在以这样的态度从事着设计开发。技术人员、熟练技工和匠人也必须立志高远才能成事。产品制造的艺术思维中的最大问题，就是组织整体如何共享这种哲学。

汽车企业一般会把设计开发定为最高机密。从很久以前开始，马自达的设计部门就经常封闭着，即使是负责与车型开发相关的设计和销售人员也无法自由出入。投入市场的量贩车比在车展上展出的"SHINARI"那样的模型车更加严格要求保守秘密，因为汽车的外观设计如果被竞争企业、媒体或者用户知晓会产生很多弊端。

在这种背景下，前田育男决定从产品开发项目的初期阶段开始向设计开发的相关技术人员和匠人展示设计，这在以往是难以想象的。

这样做的目的在于让他们理解设计意图，同时打动负责人，让他们下定决心实现设计。

为了使之成为一项制度，前田育男在开发过程中设置了"设计战略级联"活动。在产品开发的初期阶段就用黏土或塑料制作模型，展示给与制造相关的技术人员、匠人或者工厂的操作人员。由于总共有数百人，因此需要分多次进行。

如果重视保守秘密，绝对无法做到这一点。恐怕其他的汽车企业未来也不一定能够做到这种程度。

据悉，很多技术人员和匠人表示，设计部门把如此机密的信息与大家共享，让他们感受到了企业对自己强烈的信任，也加强了设计部门、设计制造的技术人员和一线匠人之间的信赖关系。团结一体共同创作作品，正是马自达追求艺术思维的体现。

尽管是公司内部的活动，但马自达依旧会认真组织以求打动观看者。就像发布新车时召开的盛大的公开活动那样，最初的模型车会用绸布盖起来。"唰"的一下，在布揭开的瞬间，观看者会纷纷倾身向前，眼睛闪闪发光。

这个时候，工厂的匠人们也会纷纷议论"这个好美啊""太漂亮了""这种很难生产""这要怎么做出来"。但是最后，他们一定会坚决地表示："我们一定要把它做出来。"

3 理解魂动设计的本质

与生产相关的技术人员和熟练技工也必须理解车身是如何让人感受到魂动设计所要表现的生命感、跃动感、"凛"和

"艳"的。

按照以往的前工序和后工序的关系，开发部门要把设计做成图纸，转化为 CAD 数据，再由生产部门接收并准备生产。但是，如果只传输数据，生产部门根本无法理解设计意图。

魂动设计的表面形状非常复杂，没有平坦的面，且曲面上都是或阳或阴的线条。此外，在生产技术人员看来，那些并不是明确的线条，而是微妙的曲折波动。

他们最初很难把这些和生命感、跃动感等结合起来，因为他们根本无法理解。生产技术人员唯有理解魂动设计的本质，才能制造出达到艺术水准的设计。

尤其是魂动设计的难点不在线的表现上，而在于用面来表现很多的信息，因此生产技术人员必须理解微妙的面的变化。

例如，从斜前方欣赏汽车时，从前往后，曲面的曲度会逐渐变化，而通过这种微妙的不同，汽车表面的跃动感和光泽感也不尽相同。亮光的出现和逐渐消失的方式在魂动设计中都设计得极为精巧，但此类信息在图纸上无法准确地表达出来。

以 "Roadster" 的开发为例。关于特征线的消失方式，某设计师提议说："不要慢慢地消失，要让它'沉下去'。"然而，制造负责人反映说他不理解消失和沉下去的方式有什么区别。

一般来讲，生产技术人员没有专业的设计鉴赏眼光。他们只有与设计师一起工作，才能理解需要的是什么样的制造。因此，理解设计的精髓一直困扰着生产技术人员。

于是，马自达决定让制造部门按照自己的方式来制作象征着魂动设计的猎豹客体。如果做不出油泥建模师设计的生命感、跃动感，那就无法量产魂动设计。

生产部门从设计部门借来猎豹客体后做了三件事。首先，进行三维测量，制作数据。其次，制作铸模，进行 NC 机械加工。最后，让熟练技工打磨，完成作品。生产部门非常自信，认为他们很好地再现了猎豹客体。

然而遗憾的是，设计师在看过后表示生产部门根本没有再现出他们的想法，要么肌肉太瘦缺乏跃动感，要么亮光的表现方式不够优美。最重要的是，该作品没有充分表现出魂动设计最重要的点——生命感。

生产部门意识到，在实际量产的生产准备阶段之前，他们必须解决所有问题，才能更加细致地制造出符合要求的作品。

为了从技术角度弄清楚问题出在哪里，他们实际测量并进行了分析。结果发现，设计师在意的是微米单位级别的差异。为了实现高艺术水准的魂动设计，必须绝对提高制造的精度。

4　达到艺术水准的精度

设计师执着于数微米的差异，试图彰显生命感和跃动感，因此制造必须同步。鉴于此，如后所述，制造部门通过采用革新金属模具等措施，明显提高了制造的精度。

除此以外，为了实现 2019 年开启的第二代魂动设计，他们再一次大大提高了精度水平。为了表现出光影变化所营造的生命感，"MAZADA三"以后的汽车都去掉了特征线的设计，对表面精度的要求更高了。

在对齐前后车门的表面时，如果保留特征线，那么只要特征线刚好严丝合缝地对齐就可以了，即使精度没有那么高也没有问题。

但是一旦去掉了特征线，就只能纯粹依靠表面来对齐前后车门，与以往相比需要提高十分之一的表面精度。对精度的要求从 0.1 毫米（100 微米）单位级别提高到了 0.01 毫米（10 微米）级别。

"MAZDA3"的首席设计师土田康刚曾经去过好几次制造"MAZDA3"的防府工厂。为了通过光的变化来表现生命感，他和工厂的技术人员、匠人们一起努力，直到满意为止。艺术思维要求设计师和熟练技工必须保持坚定信念，共同创作。

据悉，以往制造负责人都不喜欢设计师到工厂来，因为设计师总会对工厂制造的试作品指指点点。

生产部门很难完美地做出设计师所期待的质感和车身形状。但是现在，制造负责人的意识转变了，变得欢迎设计师前来指导，愿意共同解决问题。

要达到较高程度的精度，金属模具不能再按照普通的做法来制作。

生产部门一般会通过接收模拟的分析结果来提高机械加工的精度，但是仅凭这种研究做不出设计所要求的精度。

要想做出 10 微米级别的造型，唯一的方法是充分利用熟练技工的眼手并用的高超技艺。制造负责人会在了解金属模具的同时实现超出模拟的精度，构建金属模具的形状和表面。

负责金属模具的熟练技工的手指尖能够感受出 5 微米的细微差异。油泥建模师也是匠人，但是要把这种匠人做出来的具有较高艺术性的曲面和建模师的思想一起移入金属模具，还是要靠负责金属模具的熟练技工。

凹面是魂动设计的特征之一，制造难度非常大。即使使用高精密的金属模具来制造，负曲面部分也有可能会恢复成平面。

这种现象被称为"回弹"，需要使用非常高超的前瞻性技术，以便在恢复平面后能够达到设计的要求。这种调整也不能按照原先 100 微米的级别来讨论，必须按照 10 微米的级别来研究。

由于制造技术进行了细微的调整，因此生产技术人员也要具备艺术家所应当具备的细腻的审美意识。匠人的技能造就艺术。

5　魂动切削与魂动打磨

在用 NC 切削加工金属模具时，考虑到效率，像打印机那样上下左右移动的扫描线加工更合适。此时，需要把使用

CAD 量化的设计数据转移到扫描线上。但是，那种机械性动作无法完成油泥建模师切削出来的充满生命感的曲面。

因此，NC 加工的切削方式也要和油泥建模师的切削方式一样，接近相同的动作。具体来讲，就是把 NC 加工的方式改成沿着曲面形状移动的沿面切削。这被称为"魂动切削"。

要追求切削的效率，就得不到理想的曲面。扫描线加工更重视切削速度，有时候工具会横穿过车身线条的凹凸处，导致加工精度下降，所以并不是按照数据进行切削就可以的。为了按照魂动设计的目标来完成作品，需要非常细心，注意细节。

接下来，切削好的金属模具要用锉刀和砥石把表面打磨成精度达到 1 微米级别的程度。因为打磨作业非常关键，所以马自达在打磨方式上创造了被称为"魂动打磨"的特殊工艺。

例如，生产技术人员一般要用机械去除机械加工后的加工残留（尖端），但是这样做有可能损伤用来表现生命感的曲面的重要部分。因此，熟练技工需要非常慎重地去除加工残留。

实事上，只用砥石打磨一次，就能削掉微米单位级别的金属，从而改变造型的美。为了打造出微妙的曲面，马自达与专业人士共同开发了一种特殊的魂动砥石（图 10-1）。砥石并不是打磨越快效果越好。魂动设计需要的是精细而细腻的切削方式。

用于魂动设计的砥石有很多气泡，即使用相同的打磨方式，也能比普通的砥石进行更细微的切削。而且，它还可以进行锋利且良好的切削，切削方式很精细，效率也很高。

在魂动打磨上，特征线周围的打磨方式也根据灵活利用表面的魂动设计进行了探索。按照以往的打磨方式，必须先做出清晰的特征线，即山脊线，然后再根据山脊线来完成跨过山脊线的面。但是这样做太过强调线，面的美容易崩坏。

因此，马自达没有把特征线做成山脊线，而是选择从两侧认真打磨面（图 10-1）。最终，面与面相接处留下的部分成了特征线。这就是以优美的面为优先的魂动打磨。

传统打磨方法　　　　　　　　　魂动打磨方法

传统砥石　　　　　　　　　　魂动砥石

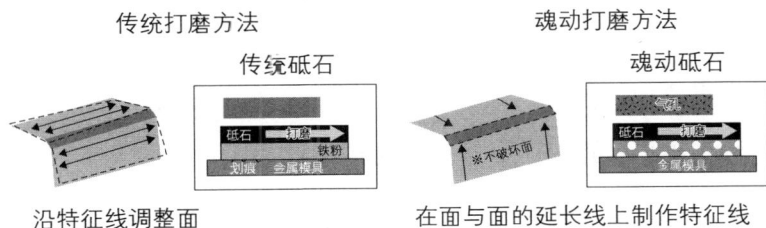

沿特征线调整面　　　　　　　在面与面的延长线上制作特征线

（资料来源：马自达。）

图 10-1　把面放在首位的魂动打磨

6 涂装与匠涂

①魂动红 (Soul Red Premium Metallic)

毋庸置疑，颜色在艺术作品中起着非常重要的作用。马蒂斯、凡·高等画家都是在艺术表现中通过自己独特的用色来表达突出个性的。

汽车颜色则一般都需要进行搭配，让用户可以根据自己的喜好选择白色、红色、蓝色等，而不是开发个性丰富的颜色。但是在魂动设计中，汽车的涂装作为造型的构成要素之一，具有超出寻常意义的重要作用，不能只简单地准备用户喜好的颜色。

颜色不仅能衬托设计，更是造型的一部分。服装行业也是如此。量贩产品会准备多种颜色款式供用户选择，这一点非常重要。但是，高级成衣多数都有固定的最佳象征色。为了制作出最佳作品，必须同时考虑设计和颜色。

因此，马自达也想开发魂动设计的象征色——一种能够让人一眼辨识出区别于其他产品的具有突出个性和产品特性的颜色。三十多年来一直在马自达从事调色工作的优秀色彩设计师冈本圭一被任命为负责人。他是一位对色彩具有强烈的坚定信念的具有匠人气质的设计师。

首先，他们讨论了什么颜色最适合魂动设计，认为马自达的身份特色和 DNA 观点尤其重要。

回顾马自达过去的畅销作品，"Cosmo""Familia""MPV""Roadster""RX-8"等通常是红色款汽车人气最高。一般认为销售数量较少的红色汽车却一直是热门选择，这一现象非常罕见。

原本，红色象征着热情，也能与魂动设计所要表现的跃动感和生命感产生关联。从广岛的身份特色来看，与马自达是家族关系的广岛东洋鲤鱼队的象征色也是红色。因此，马自达决定把红色确定为品牌颜色，并且研究了哪种红色最合适。

首先，为了表现出跃动感和生命感，要具备给观赏者以冲击印象的浓烈的新鲜感。其次，他们认为，有生命力的生物身上所具有的妖冶风情需要用有深度的阴影感来衬托。通过不同的光的映照方式和观赏角度生动地改变并突显汽车"表情"的变化美尤其重要。

也就是说，色彩设计目标被确定为生动的饱和度和阴影感两个方面。这是一个难以实现的目标，但马自达做到了。

艺术思维也不会放弃对色彩的追求。马自达立志高远，要以全世界最惊艳的色彩为目标。以往，即使设计师要求做这种耀眼的涂装，制造负责人也大都会拒绝。因此，冈本圭一决定做一个涂有"理想的红色"的色彩样本，用以诱使制造负责人产生强烈的制造欲望。

冈本圭一把技术人员（技术研究所人员和生产技术人员）都拉进来，分享了对前所未有的理想的红色的热情。他们的团队为实现目标而努力，密切关注细节。魂动设计的热情甚至传到了日本的油漆制造商立邦漆那里，他们为马自达开发出了专用的特殊涂料。

结果，通过匠人仔细涂装专用特殊涂料，得到了一种任何人看了都会心动的美丽色彩。这是上天赐予所有成员的热情的回馈。

当设计师把结果拿给当时的制造负责人、后来的社长小饲雅道看时，他非常感动："我从未见过这么鲜艳的红色。"而且，他还和设计部门约定，生产部门无论如何都会努力实现量产。

除了负责人的支持，开发、生产的主要成员也都强烈希望实现这种高品质的涂装。

虽然做出了理想的颜色，但想要实现量产还面临着很多问题，这一点只要是专家都能理解。

通过手工毫无遗漏地多次薄涂，就能得到非常漂亮的颜色。车展上展出的概念模型车一般都是这么涂装的，但是这种涂装方式无法用于量产。如果强行进行大量生产，效率将非常差，成本会很高。

最终，技术人员通过各种努力，终于在控制成本的基础上做出了让用户看到后忍不住回味的美。这种红色的开发比普通颜色的开发多花费了一年多的时间，在 2012 年应用于"Atenza"时被命名为"魂动红"。

如图 10-2 所示，就像魂动红的概念一样，它同时具备强烈的饱和度和深层次的阴影感。为了配合开发这种颜色，马

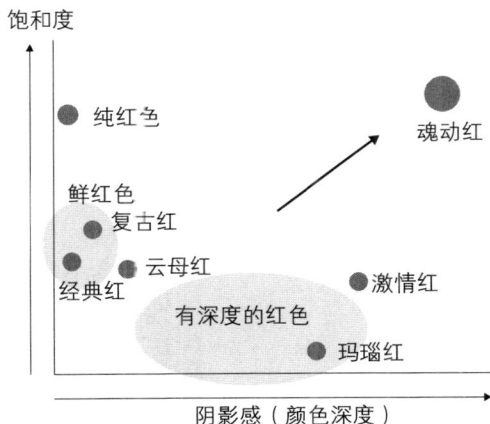

（资料来源：马自达。）

图 10-2　魂动红的概念

自达还开发了将饱和度和阴影感具体数值化的技术，并且使用这一手段做成了这张图，从而高效地实现了目标管理。

任谁看了魂动红都会惊艳于它的美，它因此获得了用户、专家们的极高评价，附加价格也成功控制在了 5 万日元以内。在那之后，其他公司纷纷效仿，相继推出了自己讲究的色系，但车型的附加价格通常高达 20 万日元。这也显示出了马自达的技术能力之高。接下来，笔者将具体介绍相关技术。

②匠涂

为了在控制成本的同时做出能够带给用户感动的颜色，马自达在所有地方都下足了功夫。以往的涂装和魂动红的比较如图 10-3 所示。

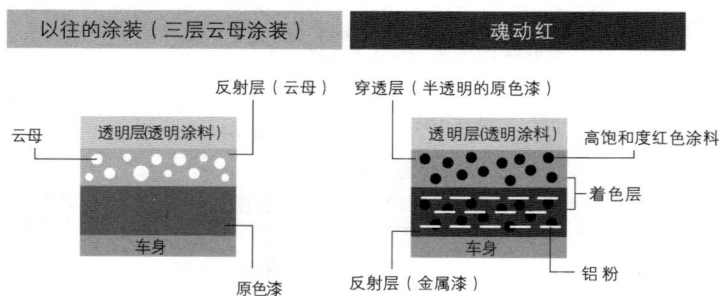

（资料来源：马自达。）

图 10-3　魂动红的涂装构造

　　其中，技术上的创新点是用以往的三层涂装实现了魂动红。其实，高级车一直都在采用增加层数或者使用更加复杂的技术的方法来打造鲜艳的深色色泽。

　　冈本圭一却非常坚决地要用普通的三层涂装来实现目的，绝不轻易使用更昂贵的技术。前田育男认为，这一执念也注入了魂动设计的灵魂。

　　具体来讲，首先，在涂料生产企业的协助下，马自达开发了自身独有的高饱和度颜色的涂料。其次，在涂料中掺入了金属片（铝片），通过光的反射提高色彩的饱和度，改良了涂装构造（图 10-3）。马自达在铝片的排列方式上下功夫，使之规则排列，提高了光的反射效果。

　　值得一提的是，掺入铝片的涂装层一般会放在接近表面的那一层，但马自达却将其放到了最底层。结果，铝片反射的光使其上层的色彩更加鲜艳了。

　　这些涂装构造上的新尝试，在确保生产工序和涂装品质等方面存在技术难度。事实上，马自达历来擅长涂装技术，所以它可以做到，而其他企业难以模仿。

　　最后，在量产工序上，生产技术人员为了花时间做出与涂装同等的质感，不断试验机器人的动作程序，反复改进，使其达到了最佳状态。此外，他们不断尝试改变涂料、空气的流速、喷漆室的风速和风向等。通过数次调整，量产工序终于达到了理想标准。马自达致力于把匠人的思维和技能尽可能地教给机器人。

匠涂的第二版是把2016年投入市场的改良款"Axela"做成了高级金属色钢铁灰（Machine Gray Premium Metallic）。继魂动红之后选择钢铁灰，原因在于马自达的身份特色。

马自达一直忠爱机械美，着迷于铁的质感。而且，高雅的灰色给人一种端庄的印象，能完美表达日式审美里"凛"的感觉。因此，马自达认为钢铁灰是最适合代表魂动设计的颜色，决心研究铁的光学特性，把它的质感添加到颜色中。

魂动红代表着人的热情，而钢铁灰充满机械的锐利感，它们的组合在某种意义上具有"艳"和"凛"的特色，平衡得恰到好处。

7 产品设计——骨骼

魂动设计最优先的课题是制作出充满活力且稳定的骨骼。但是就汽车的构造设计而言，很难制造出设计上认为理想的骨骼。

在确定设计时有很多必须遵守的条件，如车箱内的宽敞度与上下车的便利性、驾驶员视野的良好性、碰撞的安全性、引擎和轮胎的位置等。因此，要想制作出理想的骨骼，需要以车身设计为中心，获得发动机设计、底盘设计等各个领域的支持。

例如，为了制作充满活力的骨骼，魂动设计多以长车头（长而低的引擎盖）为设计目标。

要想加长引擎盖，必须把 A 柱（连接车顶和引擎盖的前车窗的横柱）的底部向后方降低，但这样做有可能会降低乘坐者上下车的便利性，或者导致驾驶者头顶上的空间（到前挡风玻璃的距离）狭窄。

既要做成长车头，又要避免出现各种问题，这要求在车身设计和内装设计上下很大的功夫来研究。

此外，要降低引擎盖的高度，必须考虑发动机和周边零部件的配置安装。因此，需要不同的零部件设计部门之间相互磨合。在这一点上，马自达打破了部门壁垒，设计部门团结一致，共同为实现理想的设计做出了贡献。

同时，前照灯也必须做得更薄，因此马自达在"Roadster"

上尝试使用了 LED 灯。由于缩短了前悬（前轮胎到车身最前端的距离），还产生了增强视觉稳定性的效果。

虽然现在 LED 灯更便宜且更受欢迎，但是在开发 "Roadster" 的 21 世纪初，它的成本要比普通的车头灯贵很多倍。

庆幸的是，有责任降低成本的设计部门深知美丽的魂动设计的价值，同意采用昂贵的 LED 前照灯。与之相对，他们在其他领域尽可能地降低成本，进而成功把整个车身的成本控制在了计划之内。

负责整个产品开发的 "主查"（一般称为项目经理，Project Manager）的支持对实现魂动设计具有非常重要的作用。当前，主查和技术人员对于车身的骨骼和框架方面的问题有了更加深入的了解，即使设计师不便详细解说，他们也能自主处理。

例如，"Roadster" 的主查山本修弘对整个开发团队提出了要求："要做像名画那样，即使再过五十年也能名留青史的一直受欢迎的设计。"

具体来说，为了做出理想的车身骨骼，他要求开发部门和生产部门通力合作。山本修弘对开发人员说："比例是最重要的，要竭尽全力去做。只要比例做得好，一张薄皮都可以很漂亮，不用化妆。"

正是有了主查的坚强意志，"Roadster"的产品开发团队才能团结一心，做出理想的车身骨骼。

此外，山本修弘在发言中强调要做流传半世纪以上的产品，而不是从配合用户需求的角度来讲设计。这也说明整个马自达都在以强化艺术思维为目标。

8 大批量手工艺生产

正如上述说明的邢样，除了油泥建模师，马自达还在车身设计、金属模具制造以及涂装方面利用熟练工匠的技艺，以实现艺术思维的设计。

魂动设计必须满足两个条件：一是美得让人一见倾心；二是在超出常识的设计的表现方式、无法简单做到的制造技术上下功夫。马自达采用了无法用机械简单大量生产的、手工质感优秀的技巧。

由于同时具备这两个条件，所以无论什么样的用户都会被马自达汽车的美所打动。除此以外，马自达汽车还通过高超的表现手法来打动专家，获得了非常高的评价，让竞争企业无法模仿。

但是这里有一个大问题：用近似手工的方式创造出来的价值，必须以大量生产的方式来降低成本。在金属模具和涂装的说明部分，笔者已经阐明了同时兼顾工匠技艺与大批量生产有多么困难。

如果是小型老字号企业，可以利用工匠技艺，手工制作具有较高价值的产品，卖给愿意高价购买的有限的用户。笔者就曾花费5万日元买了一只轮岛涂的碗——轮岛涂作品需要匠人花费足够多的时间和精力上很多遍漆。

虽然马自达在全世界的市场占有率只有2%，却也属于大批量生产企业，每年要制造150万辆以上的汽车。在利用工匠技艺制作达到艺术水准的作品的同时必须实现大批量生产，马自达必须克服这个两难的问题。

为了解决这一难题，马自达首先设置了统筹企划及通用架构的机制和流程，从而做到了像丰田那样，当个别车型不用进行大量生产时，能够高效开发、制造多品种的产品。

此外，在每个业务上，油泥建模师、金属模具及涂装的技术人员、匠人与制造一线的生产人员都能团结一体，始终致力于将工匠技艺与大批量生产结合到一起。

　　工匠技艺与大批量生产的关系框架结构总结如图 10-4 所示。一般来说，标准的模块化设计可以利用制造设备完成大量生产（图 10-4 左上）。但是如果选择手工艺制造，则即使能够保证高质量，也只能采用少量生产的生产方式（图 10-4 右下）。因为不进行大批量生产就无法降低成本，而一旦要考虑成本，就很难采用手工艺的生产方式。

　　当然，现在的日本企业不应该把两者对立起来思考，而应该以把手工艺和大批量生产结合到一起为目标（图 10-4 右上）。

　　将手工艺的优点——产品魅力和高品质——与大批量生产的优点——低成本——结合到一起的制造方式，被称为大

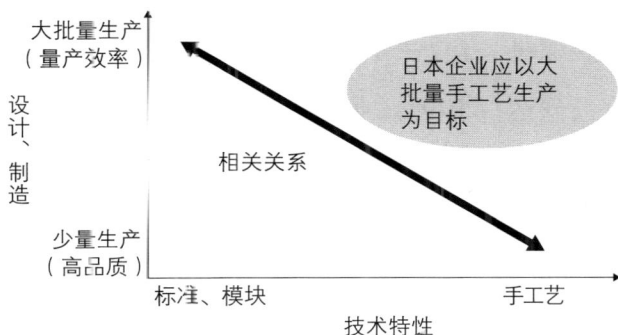

（资料来源：笔者制作。）

图 10-4　大批量手工艺生产

批量手工艺生产。

实际上，此前也有过成功的案例。本书介绍过的苹果公司的"铝材切削"和"镜面打磨"采用的就是大批量手工艺生产。

其他的大型成功案例，如木制扶手椅"HIROSHIMA（广岛椅）"，它由深泽直人设计，又由广岛的企业 MARUNI 木工公司意外制造了出来。乔纳森·艾维（Jonathan Ive）非常喜欢，购买了数千把放在了美国的苹果总公司里，它因此而名声大噪。很多复杂的作品非常美，但是不经过匠人的手工切削打磨就绝对加工不出来。当然，通过不懈的努力，现在基本上都可以用机械进行加工，从而使大批量生产成为可能。

前面提及的安达范久本部部长也认为这是马自达面临的一个重要课题，于是决定把大批量手工艺生产作为制造战略来研究（安达，2019）。在他的带领下，通过在这一方向上的努力，马自达最终取得了高水准的成果。

第 11 章 | **品牌价值管理方面的举措**

1　成立品牌风格统筹部

　　艺术思维的目标是通过表现魂动设计的哲学和世界观来引发新的感动，从而让用户以拥有马自达汽车为傲，喜爱上马自达这一品牌。魂动设计作为表达思想、提高用户价值的窗口，与其相关的各种体验（User Experience）比汽车本身更具意义。

　　用户对马自达的汽车产生兴趣，通过杂志或社交媒体查询相关信息并在经销商处购买汽车后，可以享受驾驶的乐趣，或者和家人一起开车旅行。还有一系列的体验都与用户价值相关，例如欣赏美丽的汽车、在晴朗的日子里洗车、关注爱车的电视广告等。

　　通过积累只有爱车才能带来的美好体验，用户会对品牌产生特殊的感情。在这个过程中，马自达品牌独特的哲学与世界观的表达方法，即一以贯之的"品牌风格"起着非常重要的作用。

用户不仅能够在街道、马路上看到汽车的外观设计，还可以通过电视、杂志等各种媒体了解汽车的世界。因此，在表达马自达世界观的过程中，汽车的外观设计发挥着尤为重要的作用。于是，前田育男转变了想法，认为马自达的品牌必须由设计部门来引领构建。

尤其要不断加强对关系到魂动设计品牌风格的表现方法的管理。例如，与想要表达的哲学观念不同的信息绝对不可以出现在电视广告中。为了统一世界观的表达，前田育男从担任本部部长开始就在设计本部内设置了负责审核的职务。后来，这一职务的功能进一步强化，于2016年4月成立了名为"品牌风格统筹部"的专业部门。

这一部门主要从两个方面管辖魂动设计的展示方式，即经销商的店铺以及发布广告或产品目录等的媒体。用户能够看到的一切都要经由品牌风格统筹部对外发布。

一般，在汽车行业里，设计部门不会作为主体来干涉经销店的设计和广告、产品目录的制作。马自达原本也没有把这些当成设计部门的工作，而且整个公司似乎也没有讨论过设计部门应该参与这些工作。

说得更直白些，是设计部门擅自开始干涉这些工作的，该部门曾经多次与原本负责这些工作的部门（销售、广告部门）以及零售店、代理店产生过摩擦。

为了管理品牌风格，设计部门需要付出巨大的劳动力和时间。前田育男回忆，由于最初这不是由谁布置下来的任务，且是非公开的，所以马自达在保证人才和时间上付出了很多。

尽管如此，前田育男仍然认为必须这么做来构建马自达的品牌，让用户感动。为了发展艺术思维，在表现方式和内容方面绝对不可以妥协。

2016 年品牌风格统筹部成立后，前田育男晋升为常务执行董事。同时，马自达正式任命前田育男和设计部门负责品牌风格管理。

2　打造新一代店铺

在与用户的接触中，负责销售和维修的经销商起着很大的作用。无论汽车设计得多么精美、驾驶体验多么好，一旦店铺的内外装饰设计和氛围、汽车的展示方式、用户与店里的销售或维修负责人的交流体验不好，就无法构建起品牌价值。

产品制造的艺术思维不仅要体现在产品上，还要体现在服务上，包括用户在店铺里的体验。

苹果公司的乔布斯·史蒂夫之所以在全球设立苹果商店，就是为了把苹果的产品价值和店铺融为一体并使之得到提高。他非常重视店铺的设计与质感，产品展示台及布置方式等都必须严格按照指南来设置（河南，2020）。乔布斯会经常检查、监督。

此外，在与汽车有关的案例中，德国奥迪是一个典型。进入20世纪90年代，奥迪的品牌价值急剧提升，被当成行业内部及经营学营销领域非常成功的案例。

在变革的过程中，奥迪首先把店铺与属于同一企业集团的大众汽车分开，全面推行适合高档运动型汽车的销售方式。奥迪在全世界开展了象征着年轻、运动和高档品牌的店铺设计及经销商战略。经销商改革与新款汽车升级相结合，为品牌价值的提高做出了巨大贡献。

①店铺设计

用户将在经销商店铺第一次见到魂动设计并享受与之互

动的交互体验。那里有设计师、油泥建模师、制造技术人员精心打造的作品。

马自达希望用户能够通过购买魂动设计作品而感到自豪。因此，魂动设计作为作品必须美到能够打动所有人。

经销商是用户拥有这种体验的第一站。因此，店铺本身要有品格，采用凝练的设计，才能让用户体验到产品所表现的独特的美和品质感。

魂动设计强调日本独特的美意识。如果汽车是料理，店铺就是食器。以鲁山人为代表的日本料理比全世界任何料理都强调与食器成为一体的美，魂动设计也一样。把魂动设计展示给人看的器物非常重要，艺术思维就是如此追求完美。

但是在现实中，销售马自达汽车的现有店铺并不符合魂动设计的要求。许多经销商的建筑或内装很廉价。如果说包括店铺体验在内的所有体验价值决定了魂动设计的价值，那么这种店铺就是负面要素。

前田育男从 2012 年左右开始研究改变店铺设计的可能性。据悉，在这一过程中，前田育男曾和与他同时期进入马自达（1982 年）、借调出任关东马自达社长的西山雷大商量，获得认可。

图 11-1　关东马自达东京洗足店

于是，他决定把关东马自达的东京洗足店作为新一代店铺的试点店铺。紧接着，品牌风格部门提交了店铺内装设计改装提案。2013 年，该店作为新一代店铺开业。

该店铺以单调为基调，表现了与魂动设计相符的高品质感。同时，其还通过略暗的照明来突出汽车。尤其是品牌色魂动红，它在黑色基调背景的映衬下显得格外美。

作为最初的新一代店铺，东京洗足店获得了关东马自达和马自达总公司的董事和工作人员的高度评价。马自达的营销部门和最高领导层也不再反对将其推广到国外。

因为对经销商的战略一般由市场营销部门或国内销售部

门负责，所以设计总部与经销商合作主导，多少会引起反感。
但是，这一做法让店面设计比以往更精致、更具品格，包括
国内销售部门人员在内的相关人士看到后都很心动，想把这
种新一代店铺推广开来。

在魂动设计方面，马自达推出了"SHINARI""RX-VI-
SION"等美丽酷炫的概念模型车并顺利推广。新一代店铺也
是如此，展示一个优秀的模型要比语言说服更有效。

随着东京洗足店的成功，关东马自达把目黑碑文谷店
（2014 年）和高田马场店（2016 年）认真升级成了旗舰店。

在那里，马自达委托活跃在世界舞台上的建筑家、
Suppose Design Office 建筑设计工作室的负责人谷尻诚和吉田
爱进行设计。东京洗足店以内装设计为中心，而这两家店铺
包括外装设计在内，整个店铺都要升级为新一代。

图 11-2　关东马自达高田马场店

Suppose Design Office 建筑设计工作室的两位负责人均出生于广岛，毕业于广岛的设计专业院校（穴吹设计专业学校，Anabuki Design College）。即使现在活跃于世界舞台，他们仍然在东京和广岛设置了公司的中心基地。

该工作室不仅与马自达一样具有广岛的身份特色，还能不断地从广岛向世界传播信息。前田育男希望他们也能理解马自达在这方面的理念。

同时，这两家店铺的外观也继承了凝练的黑色基调设计。内装方面在墙面和地板上采用了能够让人联想到自然的木、石等材料，适宜打造让人身心舒适的空间，以便用户更容易进店放松。

②新一代店铺的效果

这些新一代店铺获得了用户的一致好评。以往，有些用户认为汽车有所改进，但店铺却令人失望。通过设计美丽的新一代店铺，光顾店铺的用户多了起来，签约数量越来越多，用户群也变得更优质了。例如，在从其他公司过来的有替换购买意向的用户中，沃尔沃等进口汽车用户的数量有所增加。

原本，购买者中四成是马自达车主，六成是从其他公司转投马自达的月户。该比例一直未变，但更多的用户开始将马自达汽车与进口汽车进行比较。截至 2019 年，在从其他公司过来的用户中，近四成是从进口汽车转投马自达的。

新一代店铺注重让经销商的员工（销售、维护人员和经理）在用户口碑提高的同时感到满意。据说，随着店面设计变得更加时尚，工作人员的服装也自然而然地发生了改变。

此外，销售方式也有所改进。销售不再以降价促销为武器，而是通过认真阐述马自达汽车的驾驶快感和以人为本的魂动设计等理念，通过本质的价值来吸引用户购买。

销售负责人被要求优先正确地向用户传达品牌价值，而不是增加销售数量。以"CX-5"为起点的新一代车型的魅力和以关东马自达为起点的精致的新一代店铺，让这种销售方式变得更加容易。

马自达推出新一代店铺，原本是希望用户能够以购买马自达汽车为傲，没想到它本身却成了销售人员引以为傲的地方。近年来，汽车卖场的销售难以吸引优秀的人力资源。就是在这种情况下，新一代店铺为改善招聘状况做出了贡献。

③新一代店铺的发展

马自达在日本大约有 900 家经销店，其中约有 200 家已经改造成了新一代店铺（截至 2020 年）。由于新一代店铺在促进销售方面效果显著，因此经销商普遍愿意投资。

此外，尽管新一代店铺非常精致且看起来很高档，但马自达仍然非常注意降低成本（这一点也非常有马自达的风格），因此改装成本和普通店铺没有什么差别。

这种店铺有助于促进销售，且改装成本与普通改装相差不多，因此当店铺陈旧需要改装时，很多经销店选择改装成新一代店铺。毫无疑问，未来新一代店铺将持续稳步增加。

目前，新一代店铺正在全球推广，例如中国大陆、中国台湾地区、美国、澳大利亚等。以美国为例，截至 2020 年，600 家店铺中有超过 100 家是新一代店铺。马自达计划在不久的将来把约八成（约 500 家）店铺改造为新一代店铺。

新一代店铺的成功不仅在于店铺设计的魅力。当前，马自达正处于整体向品牌价值经营转型的重要时期，这种方针措施的一贯性也非常重要。

随着应用魂动设计的具有强大影响力的产品的推出，销售人员也开始把销售方式转变到以宣传产品价值为基础上来。新一代店铺设计因此而大放异彩，整体上有助于提高品牌价值。店铺、销售方式和产品达到了很好的相乘效果。

3 宣传照片和电视广告

①对理念的表达有要求

把魂动设计作为作品展示给用户时，其中蕴含的哲学和思维必须恰到好处地传达出来。前田育男尤其重视在所有媒体场合准确表达这些理念。

其中，用于公关广告和电视广告的照片的表现方式非常重要。但遗憾的是，以往也有一些案例没有恰如其分地表现出魂动设计的哲学和为用户提供良好驾驶性能的热情。

例如，在一张强调马自达飞驰和高速转弯的照片中，行驶方式不自然，看起来不稳定，没有表现出真正灵动的美。魂动设计以奔跑在非洲大草原上的猎豹为原型，即使时速达到 100 公里以上，猎豹也能够牢牢地抓住地面，稳定而优雅地奔跑。因此，只要看上去有一点不稳定，这张照片就不合格。

对于外界的广告代理商和摄影师来说，马自达想要表达的驾驶乐趣的本质并不容易理解。如果理解浮于表面，拍出看起来充满动感的照片，就会与始终以实物为目标的魂动设计不相符。如果汽车的姿势不自然，在真正的汽车爱好者看来又很假。

在这种背景下，品牌风格统筹部决定，和汽车的设计一样，亲自参与公关、目录、宣传等的照片和电视广告拍摄，以完美表现魂动设计。

②与广告代理商的协调和改进

广告代理商一般很难理解设计师创造的形状的美、"凛"和"艳"的表现，以及光反射的映照方式等想法。有些部分没办法表现出来，因为表达方式太高级了。于是，马自达决定由品牌风格部门进行确认，并在必要的时候加以更改。

目前，这已经正式确定为马自达公司内部的流程，即照片必须经过品牌风格部门确认才能对外公布。据悉，在活动刚开始的时候，由于这是一个游击式的过程，时常会发生冲突和问题。

首先，如果品牌风格统筹部认定已经拍摄好的照片不合格，要求重新拍摄，就会产生追加费用，超出预算。

关于这一点，由于魂动设计的成功，马自达内部已经对设计部门产生了信任，因此相关人员多数都会认为这是没办法的事。但实际与负责拍摄照片的广告代理商的交涉就没有那么简单了。

马自达内部与广告代理商的对接窗口一般是市场营销部门或者广告部门，但是按照新的工作方式，关于品牌风格的事情都要由设计部门直接参与。因此，即使方案被叫停，广告代理商也认为在广告或宣传资料的照片拍摄方面自己是专业的，有时候无法坦然接受品牌风格统筹部的意见。

为了解决摩擦，最有效的办法是向其展示真正优秀的照片。如果照片非常漂亮，自然会被接受。因此，除了口头上的交涉，品牌风格统筹部还会以可见的形式提出替代方案。

4　彻底且一致的表现

表现马自达的存在价值的艺术思维，需要构建汽车一以贯之的世界观，一种能够反映出马自达的产品、历史、文化等所有方面的世界观。这种世界观能够让用户产生共鸣，进而获得用户的尊敬、憧憬、喜爱，这是最理想的。

因此，如本章所讲的，马自达必须执着于追求彻底的统一的品牌风格。从结果上来看，这些有助于形成长期受欢迎的品牌。

品牌风格的形成过程中最重要的是让用户能够接收到马自达的所有信息，例如产品、经销店、工作人员、宣传广告、社交媒体等。本章尤其以重要的经销店和宣传广告为焦点进行了讲解。

　　前田育男表示，今后马自达将关注与用户接触的所有方面，全面地以发展的眼光来管理品牌风格。要想通过统一的世界观的发展、构建与表达来打造受人尊敬的品牌，必须这么做。

第 **V** 部

———

综合性价值创造的经营管理

在本书中，我们首先提出了 SEDA 模式。它由"功能性价值与意义性价值""价值深化与价值探索"两个轴构成，用于综合考虑产品的四个价值。其次，该模式强调了从功能性价值向意义性价值拓展的重要性，以及在意义性价值中提出新的价值的艺术思维的重要性，并且将马自达的魂动设计作为实践艺术思维的案例进行了说明。

最后，在第 V 部分中，笔者将论述从中获得的启示和对日本企业的建议。

第 12 章讲述了用于实现 SEDA 模式的综合性价值所必需的 SEDA 人才的要求、培养与利用。尤其是为了推动艺术思维的发展，需要有一位既能表达独特的哲学，又能整合所有SEDA 要素并提出、践行这一综合性价值的领导。

在终章中，笔者总结了其他公司可以从马自达践行的艺术思维中学习的要点。那是一种拥有自己的理念，有远大抱负，并且毫不妥协地坚定地朝着理想努力的制造。

第 12 章｜**执着的 SEDA 人才**

1　什么是 SEDA 人才

一家企业应当追求的最大的存在意义是创造出能够让用户体验到感动或喜悦的产品和服务。因此，企业必须全面理解 SEDA 模式，综合利用其中所包含的创新技术、功能、使用便利性、设计、哲学理念和愿景等多种价值创造源泉。

本书侧重于论述产品制造的艺术思维。要想很好地实现它，需要整合 SEDA 模型和艺术领域的各个要素来创造价值。

作为企业管理的一般理论，并没有 SEDA 模式中哪个要素更重要的说法。例如，本书虽然强调意义性价值，但很多时候通过技术革命获得的功能性价值也非常重要。

要想实现价值的最大化，以最佳形式综合利用包括艺术

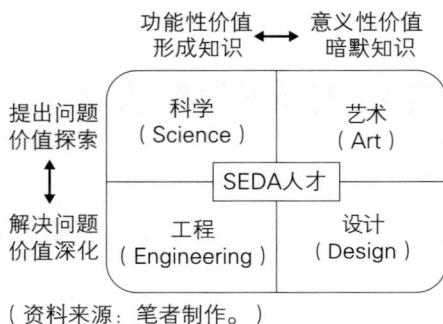

功能性价值 ⟷ 意义性价值
形成知识　暗默知识

提出问题
价值探索

科学 （Science）	艺术 （Art）
SEDA人才	
工程 （Engineering）	设计 （Design）

解决问题
价值深化

（资料来源：笔者制作。）

图 12-1　SEDA 人才

在内的设计、工程、科技等所有要素是最理想的。

我们把能够以这种方式综合利用 SEDA 所有要素创造带给用户感动的综合性价值的人才称为"SEDA 人才"。苹果公司的史蒂夫·乔布斯、戴森公司的杰姆斯·戴森等都是典型的 SEDA 人才。笔者想推荐受人尊敬的本田宗一郎先生作为日本的代表性人物，尽管现在提或许有些过时。至于近年来的代表性人才，笔者认为本田飞行器公司（HondaJet）的藤野道格可以算一个。

无论是国家层面还是企业层面，培养并保证 SEDA 人才都是保证未来持续创新的必然要求。

SEDA 人才广义上是指不拘泥于手段，能够创造出带给用户感动的价值的人才，类型并不固定。

在充分利用 SEDA 模式来构想综合性价值方面，没有必要要求自己成为能够做到所有要素的超人。

此外，笔者此前提到过同时接受技术和设计两种教育的重要性，但这也不是成为 SEDA 人才的必要条件。当然，这在用于保障学习它们的教育基础设施建设方面具有重要的社会意义。

以史蒂夫·乔布斯为例。他受过的教育既不是工程师专业，也不是设计师专业，但是他在探索什么是能够感动用户的价值、如何利用 SEDA 的要素方面具有非常出众的能力和直觉。

SEDA 人才不仅要能够设想综合性价值，还要有能力以领导者的身份管理组织并将该价值带入市场。当然，领导能力的风格各不相同，但先决条件是预想价值的能力，以及不折不扣实现价值的坚定的信念和执行力。

创造产品和服务的优秀的 SEDA 人才应该从一般社会所认为的分工结构不同的维度来考虑。他们是超越了技术人员和设计师范畴的人才。

为了理解综合性价值，我们暂时先抛开制造业，看一个简单易懂的事例。作为获得米其林三颗星、3 万日元也很难预约上的餐厅的主厨，必须创造出什么样的价值？

从特殊生产商获得的高级食材、包括最先进的技术在内的烹饪技艺、料理的摆盘设计和展示方式、食器的选择、包括侍酒师在内的各种服务的内容和质量、餐厅的内装和外装、店内的氛围等，主厨必须能够综合以上所有的价值，创造出顾客即使支付 3 万日元也想再次光临的激动人心的体验价值。

分析顾客对哪些部分愿意付出多少是没有意义的。不拘泥于手段，能够创造出综合价值的主厨就是 SEDA 人才。

再举一个例子。能够获得戛纳电影节奖项的电影导演，需要从剧本、角色、演技、摄影技术、CG（计算机动画）、运镜（镜头语言）、服装等所有角度来统筹完成一部能够打动观众的高完成度的作品。有这种想法并能执行的导演也是 SEDA 人才。

笔者身边的 SEDA 人才有 teamLab 的猪子寿之。他毕业于东京大学工学院计数工学科，具有理科背景，但创作出来的艺术作品都具备 SEDA 的综合性价值。他利用数字技术搭建了一个全新的世界，创作出了从儿童到成年人看了都非常兴奋、感动的作品。

我们再回到制造业上来。年轻人中，2003 年创立巴尔穆达（Balmuda）的寺尾玄也属于 SEDA 人才。他同样没有接受过技术人员或设计师的教育，却设计出了电风扇、烤面包机等具有较高综合性价值的产品，具有非常强的创造能力。

像大创一样，该公司设计并开发了从设计到功能、使用便利度、质感等整体非常有魅力的产品，因此即使产品价格高得超出业界常识，依然有很多用户喜爱并购买。

SEDA 人才的共同点是，他们都不拘泥于自己的背景或可以利用的手段，痴迷于毫不妥协地创造能够打动用户的价值。

但是，更具体地讨论成为 SEDA 人才的条件几乎是不可能的。SEDA 模式中所表示的价值的内容具有难以分析、难以用语言进行说明的特点，很难明确地定义 SEDA 人才应具备的资质。

2　教育制度——设计学院与建筑系

企业内部培养 SEDA 人才非常重要，但其首先需要具备作为社会基础设施的教育制度。那些创造出真正的用户价值的专家都是能打破文理科壁垒的人才。

现在，越来越多的日本大学设立了以文理融合为旗帜的跨学科院系。其中，庆应义塾大学的湘南藤泽学院（SFC）就是一个成功案例。但是，在从 SEDA 模式的综合角度构想新的价值方面，这种教育的质量就显得非常不足了。

世界上同步进行工程和设计两者教育的课程越来越多，这可以说是直接与培育 SEDA 人才相关的尝试。比较具有代表性的是设计学院。

最早在 2004 年，斯坦福大学设立了 d. school（设计学院，官方名称为 Hasso Plattner Institute of Design），致力于开展设计思维教育。

此后，以设计学院要求为标准的课程开始在全世界普及。在日本，东京大学、京都大学也设置了与设计学院同样的课程。例如，东京大学于 2009 年设置了 i. school，传授设计思维，i 即 innovation（创新）的首字母。

不同于设计学院，英国很多大学设置了同时传授工程和设计的课程。

例如，位于伦敦的世界一流的美术大学——英国皇家美术学院，以及其他诸如格拉斯哥大学、布鲁内尔大学、拉夫堡大学等一流大学都强化了这种课程。

其中，有的大学是在一个学院中开设工程和设计的综合教育课程，也有的学校是开设联合课程，使学生能够在两个学院听课。目前，这类课程在整个欧洲及北美地区逐渐增多。

实际上，早在设计学院之前，有一个领域一直在采用文理融合的更正规的 SEDA 人才教育模式。其他国家和地区的大学如此，日本的东京大学、京都大学也是一样。这个领域就是工学院的建筑系。

这是工学院中唯一要求学习工程和设计（+艺术）两种教育的专业。在学习工程学的构造解析、材料力学的同时，学生还要学习建筑设计，接受艺术教育。

当下，SEDA 模式成为整个制造业的重要价值目标，除了工学院以外，机械工学、电子工学等专业的学生也开始接受同样的教育。由于它不是设计学院的附加教育，因此必须重新审视工学院的整体教育体制。

工学院不同于理学院，原本的主要作用是通过技术开发创造用户价值。工学院的其他学科也有必要向建筑系学习综合教育的技能。

在用 SEDA 模式的框架来思考制造和设计的理想状态时，

建筑领域具有重要的参考意义，经常成为样本。在设立于1919 年的以"艺术与技术的新统一"为旗帜的包豪斯（Bauhaus）大学的教育课程中，其核心也是传授富含综合艺术灵感的建筑知识。原本，Bau 在德语中就是"建筑"的意思，Bauhaus 即建筑家，暗示着该校最主要的焦点是建筑。

3　量产型产品中的艺术思维

为什么只有建筑领域一直在培育 SEDA 人才，而工程、科学、设计、艺术领域的分工却没有进步呢？笔者此前也提到过，其他制造业朝着分工发展的原因之一在于起始于 18 世纪中期的工业革命的近代化。当时，为了提高生产率，大批量生产变得非常重要。

制造业的主体变成大批量生产后，先进的生产技术、生产管理，以及大规模的制造设备成为必要条件。这些技术要求的专业性与用于提高产品魅力的设计、开发技术等完全不同。换句话说，大批量生产是导致分工的因素之一。

如果只考虑产品的价值，尤其是在工程和设计分工的情况下，很难做出真正优质的产品。最好的方式是选择具有良好的审美能力且擅长创造价值的优秀的技术人员，从构思到产品设计、制造全部由一个人来完成。但是，一个人一般很难同时掌握用于提高产品价值的技术、设计与大批量生产的制造技术。

与之不同，建筑方面一般不需要考虑大批量生产，因此从技术、设计到制造，全部由建筑家一个人完成相对比较容易实现。

例如，隈研吾就一手包办了东京奥运会的会场——新国立竞技场的建设，指定了设计、构造、功能，包括但不限于建造方法、采购的木材的地区范围等。

充分利用日本的身份特色，在考虑环境问题、社会问题的基础上灵活利用木材，恰恰表现了他的建筑哲学。当然，他无法一个人完成所有的工作，需要整个团队的配合。但是关于价值表现的构思是他作为负责人来完成的。

以富于个性且具有很高艺术水准的建筑设计而闻名的弗兰克·盖里（Frank Owen Gehry）也是一位在技术和艺术两方面都很出色的 SEDA 人才。

他甚至成立了一家开发计算机辅助设计和模拟工具 CAD、CAE 的公司，利用最先进的技术创造富于创新性的艺术建筑。

正因为作品综合了 SEDA 的全部要素，且由一个人彻底构思完成，才能创造出富有生命力的价值。

这位建筑家的处理方式非常值得融入产品制造的艺术思维。但同时，企业在学习中也存在困难：需要大批量生产的汽车等产品无法简单地适用同样的方法。

在这样的背景下，如前所述，马自达探索了大批量手工艺生产（Mass Craftsmanship），致力于把高超的匠人技艺（Craftsmanship）和大批量生产（Mass production）的优点结合起来（安达，2019）。这种思维方式起到了把富于艺术性的匠人技艺与大批量生产结合起来的作用。

4 汽车行业的 SEDA 人才——主查与首席设计师

在重视包括意义性价值在内的综合性价值的制造业产品中，汽车非常具有代表性。为了构思出优良的汽车，企业需要 SEDA 人才。

汽车企业很早就设置了统筹负责技术等在内的产品综合价值的职务，职务名称一般是开发负责人或者项目经理（以下简称"PM"）。

他们几乎都是技术人员出身，除了技术，也能理解设计等意义性价值。只有具备能够打动用户的理想汽车的哲学理念，才称得上是优秀的 PM。

在日本的汽车企业中，最初任命 PM 职务的事例可以追溯到 1953 年。那一年，丰田设置了皇家的 PM，并且把这一职务命名为"主查"，包括技术、设计在内，全面负责构思产品概念，带领员工进行产品开发。

专门从事汽车产品开发的海外研究人员也认为主查是丰田能够成功的主要原因之一，采用了"Shusa"（日文中"主查"的罗马音）的称呼。这一点和"Kaizen（改善）""Kanban（看板）"一样。丰田于 1989 年把主查改称为首席工程师（以下简称"CE"）并沿用至今。

丰田以外的公司也都设置了同样的职务，尽管职务的名称各异。例如，本田是"大型项目负责人（以下简称'LPL'）"，马自达现在使用的是丰田创始的"主查"。

在价值创造中，PM 是不可欠缺的，企业必须全力培养他们。笔者将以丰田的 CE 为例加以说明。

首先，从负责车身、底盘、发动机等的技术人员中选拔出三十多岁的具有 CE 潜质的人。被选中后，入选者可以加入 CE 的团队，担任产品企划负责人，在工作中掌握车型开发的整体管理及市场营销经验。然后，到四十五岁左右时，入选者可以担任 CE 职务。当然，实际上也有从技术领域的经理直接被任命为 CE 的人才。

一般，当被任命为负责个别车型开发的 PM 之后，要从发动机、底盘等主要技术部门召集人员，组成并领导项目团队。设计师也是 PM 领导的项目团队中的一员。

此外，多数情况下，项目团队的成员仍属于原来的技术部门或者设计部门，只是加入团队工作。换句话说，这是一种矩阵型组织（Matrix organization），团队成员受两位领导管理——PM 和自己部门的部长。

汽车的 PM 需要具有明确的汽车开发理念，清楚自己想要做什么样的汽车，并且能够带领项目成员实现它。PM 必须能够与团队成员共享目标，让他们拿出和自己同样的热情进行汽车开发。

作为产品开发的负责人，与市场营销部门、最高管理层进行交涉和调整也是 PM 的工作。PM 还是新车发布会上应对媒体的主角，为开发出来的汽车代言，相当于车型的生身父母。

如前所述，马自达把 PM 职务命名为"主查"，但主查与设计部门之间的关系与一般的企业有所差别。设计部门提出的魂动设计是整个公司的战略核心，公司里的最高领导层也在推动其发展。因此，在每个产品开发的过程中，设计部门的影响力远远大于普通的汽车企业。

在一般的汽车产品开发中，个别车型的设计要根据车型的概念来确定方向。由此，企业一般会选择依赖用户调查的、最符合用户需求的、销量预计最多的设计。

但是，马自达坚持要维持所有汽车的一致性，践行魂动设计哲学，在此前提下确定个别车型的设计。因此，在单个车型项目中，设计部门的意向非常重要。

首席设计师会代表设计部门参加特定的新车开发项目。在设计部门里，由负责新产品开发的相关设计师担任领导职务。

首席设计师隶属于设计部门，同时也是新车开发项目团队的成员，处于设计部门部长和 PM 的管理之下。

在设计部门内，能够成为首席设计师的人大都具备 SEDA 人才的资质。要想成为成功的汽车设计师，必须学习 SEDA 模式的技术相关知识。

外观设计包括汽车的布局、车身设计、金属工具模型的冲压技术等，内装设计包括空调和汽车导航系统的技术、车座和仪表盘上使用的各种材料（塑料、木材、纤维等）及其加工技术等。要想做出优秀的设计，必须掌握以上产品技术和制造技术。

5　SEDA 人才的培养与实际利用

最后，让我们从包括汽车企业在内的所有企业的普遍观点出发，思考培养并利用 SEDA 人才的方法。

首先，很遗憾，企业仅凭内部教育很难在短时间内培养出真正优秀的 SEDA 人才。就像笔者一直强调的那样，当下，要想打动用户，意义性价值是关键。

能够创造出意义性价值的人才多少需要具备一些天赋和审美能力。比起察觉用户需求的能力，与用户共情的能力更重要，但传授起来并不容易，就像不是谁都能成为优秀的设计师或艺术家一样。

尽管如此，大型企业依旧可以培养和利用 SEDA 人才。按照一般的思维方式，行之有效的做法是早期选拔具有才能的人并持续提供培养机会。让我们来分析一下具体应该怎么做。

作为企业的战略和愿景，开发新产品时，必须以 SEDA 模式定义的综合性价值为目标。

我们经常听到企业的经营管理层说"从物到事""设计很重要"，但包括产品价值的目标设定在内，很多时候实际上的管理与以往并没有多少变化。

当下，用数字和功能规格来表示产品目标的企划资料依然很常见，这也是因为意义性价值的管理非常困难。

但是，作为产品目标，至少应当把将 SEDA 整体纳入视野的综合性价值作为重点。

做以综合性价值为目标的产品开发项目，鼓励年轻人才加入，就能获得培养 SEDA 人才的机会。这种项目越多，越能让更多的人才获得培养机会。这就是培养 SEDA 人才的必要的基础建设。

首先，我们要寻找擅长综合性价值创造的年轻人才，将其选拔为 SEDA 人才候补。其次，要给予他们作为领导来负责小型新产品开发项目的机会，让他们投身于产品的企划、开发和上市等工作。

不经过实际的产品企划、构思、开发和投入市场的锻炼，SEDA 人才很难学到真正有价值的知识，企业也很难进行人才评价。

但是现实中，公司内部很少有能够放手交给他们去做的项目。

在此，笔者对 SAP（Seed Acceleration Program，种子加速项目）非常感兴趣。它属于能够应用到实际管理中的项目，始于 2014 年的索尼。索尼成立该项目旨在推动可能成为未来盈利点的新想法和新设计成为现实。从 2019 年开始，SAP 升级更名为 SSAP（Sony Startup Acceleration Program，索尼创业加速计划），开始向外界推广。

该项目旨在在索尼这种大型企业内部发起挑战性的新事业，同时也灵活应用于 SEDA 人才的发掘与培养。

SAP 为年轻员工提供了一个管理所有小型新业务开发项目的场所。

以利用该项目团队开启智能手表 "wena" 事业的对马哲平为例。他在二十多岁时就成了该团队的负责人，整合 SEDA，创造了新的价值，成功领导了新事业。在证明作为 SEDA 人才的能力的同时，他本人也获得了快速成长的机会。

SAP 开创了机器人玩具、智能锁、无人机等 14 种有趣的新事业，新产品也已投入市场。

SAP 属于较小规模的新事业，因此即使失败了，企业也不会遭受很大的风险。而且，该项目还能对 SEDA 人才进行培养和评价，便于企业可以把更大的项目交给顺利通关的人。无论索尼是否有这个目的，SAP 对 SEDA 人才的培养都具有很大的启示。

SAP 只是一个例子。未来，SEDA 人才的培养是必然趋势，笔者希望各家企业能够从长远的角度来研究类似的组织机制。笔者认为，长期培养并灵活利用 SEDA 人才的路径非常适合日本企业。

丰田和松下等日本企业历来重视长期培养人才。松下幸之助有句名言："松下电器是培养人才的公司，顺便也生产电器产品。"

相比之下，美国和中国的企业则多从短期的角度出发看待问题，更重视业绩。以人才为先的经营是日本企业的优势，笔者希望这一优势也能应用于 SEDA 人才的培养。

终 章 | **日本制造业应该瞄准的目标**
——*艺术思维*

1 经由日本向世界传播制造哲学

从传统工艺品到最先进的工业制品，日本历来对制造业具有非常强烈的执念，一直在追求理想。从这一点来看，日本是世间罕见的存在。

鉴于日本具有这样的制造文化和能力，笔者认为它有机会再次在世界上发挥主导作用。

魂动设计表明，充分运用日本的制造哲学仍然有可能创造出享誉全球的产品。日本的制造业支撑了本国战后的快速发展，主要是因为在功能性价值、品质和成本方面发挥了威力，赢得了全世界的尊敬。但是近年来，意义性价值愈发重要，日本制造业在多个领域逐渐失去了光辉，人们认为未来日本的制造业再也无法重拾往日的辉煌。

　　人们之所以产生这种观点，是因为他们认为日本的制造能力只针对功能性价值有效。然而，本书认为这种想法并不一定正确。

　　魂动设计的事例告诉我们，日本的制造能力在体验价值、意义性价值等软价值方面——例如产品的设计、质感、使用感受等——也能够做出巨大贡献。

　　除此之外，回顾历史，在 19 世纪后半期风靡欧洲的和风热潮（Japonisme）中，艺术性价值和制造能力都发挥了重要作用。浮世绘等绘画对欧洲的印象派画家影响很大。同时，从泥金画、陶瓷器、工艺品到建筑，高超的技术能力和独具魅力的设计深深打动了人们的心。

　　原本，日本的制造能力不仅能创造功能性价值，还能创造 SEDA 模式的综合性价值。

　　尽管本书侧重于设计的案例，但至少在意义性价值日益重要的产品领域，产品制造的艺术思维方式能够适用于整个产品开发。尤其是，无论在什么产品领域，从 SEDA 模式的各个方面创造超出用户设想的打动人心的价值都非常重要。

　　现在正是把日本的产品制造与综合性价值结合起来，使其再次闪耀在世界舞台上的时刻。如此一来，日本的制造哲学或可再次为世界各国做一些贡献。笔者一直讨论的，正是以此为目的的指导思想——艺术思维。

2　始终执着于产品制造的历史与身份特色

20世纪90年代开始，数字化、模块化急速发展，日本企业擅长的以"磨合"为代表的对于制造的执着逐渐失去了意义。但是当下，市场迎来了新的局面。

用标准的模块组合既无法做出真正充满魅力的产品，也难以实现竞品的差别化。同时，用户追求的价值也发生了变化。产品对用户的意义变得比产品的功能更加重要，越来越多的用户要求企业提供新鲜的卓越的产品价值。

一直以来，日本的制造能力广泛应用于在世界博得高人气的具有较高意义性价值的产品。遗憾的是，那些都不是日本企业做的。代表性的企业是苹果公司，它能很好地将制造能力与充满魅力的设计、使用感受、品质等相结合，进而获得了巨大成功。

迄今为止，日本企业都没有从这些成功案例中得到很好的学习和反思。

当然，即使灵活利用日本高超的制造技术，也不见得能轻易制造出引领世界的用户价值。其困难程度在过去三十年间已经被证明了，但现在正是再次挑战的好机会。在这个时代，在过度竞争中，只有能够真正打动用户内心的产品才能重新赢得口碑。

为了取得成功，企业需要思考他们想通过日本的产品制造向世界展示什么、传达什么样的价值。为此，需要具备强烈而明晰的想法和哲学理念。艺术思维超越了设计思维，想要努力实现它。

首先，要明确自家公司的身份特色，即探寻自家公司能够跻身世界一流的存在意义的根源。日本具有世界一流的制造业历史，其中蕴藏着丰富而可靠的身份特色。

根据日经 BP 咨询公司运营的网站"周年商业实验室"的数据，截至 2020 年，在日本创立 100 年以上的企业有 3.3 万余家。其中，制造类企业超过 8000 家。尽管没有被统计进制造业，但建筑相关的企业也有 2000 余家。例如，创立于公元 578 年的金刚组是一家从事神社寺庙等建筑工作的建筑公司，被认为是世界上最古老的企业。如果把制造业和建筑业两个行业中超过 100 年的公司数量加起来，能达到 10000 多家。日本具有比世界上任何国家都多得多的长期生产优质产品的企业。

日本能够拥有如此多的长寿型制造企业，是因为即使业绩不好，企业也不会把短期的销售额或利益放在首位，而会一直潜心制造。许多企业选择坚定地追求理想，而不是一味追逐利益。在市场和用户不断变化的潮流中，如果大多数企业都以短期利益为目标，就不会诞生这么多的长寿型制造企业了。

此外，相比于效率和成本，日本制造企业更重视手工制作和细节的精细制造的文化。

这种文化和价值观无疑也是日本身份特色的基础之一。没有把制造放在首位的日本文化，就无法实现本书所提倡的艺术思维。

3　生命的表现与减法美学

应该瞄准的具体目标内容是企业要深思熟虑的问题。魂动设计对日本的身份特色具有两点启示：一是要为物品注入生命和灵魂；二是要推崇减法美学。

这两点是设计和整个制造业的重要概念。本书已经具体说明过相关内容，以下仅简单复述关键要点。

第一，注重生命的表现。在日本，人们非常重视全身心投入制造并为产品注入灵魂。就像对待喜爱的有生命的生物一样，产品的背面、细节部分都会被做得非常精细，充满高品质感和生命感。

此外，产品到用户手中后，企业也会把它当成自己的孩子般持续关注。这样一来，用户也会带着爱意非常珍惜地对待产品。

例如，笔者平时喜欢使用轮岛涂的餐具，它手感光滑，用餐完毕后用手洗一下漆面会很舒服，让人觉得很可爱。如果小心使用，长年累月还会品出很深奥的味道。而且，即使涂装有伤痕，轮岛的匠人也非常乐意给产品重新上漆修补。

第二，日本独特的美意识中，减法美学非常重要。设计并不是越华美、附加装饰越多越好。产品开发也一样，不能过多地添加无用的功能。

不同于西洋的极简主义，日本的减法美学并不强调简单、简洁的优点。通过减少某些元素或不直接表现出来能让用户在观看、欣赏和使用时都能体会到更丰富的价值。很多价值非常复杂、有很多层次，但表面看上去却非常简单。

这是魂动设计带给我们的启示。笔者希望企业能认真思考，把欧美和中国企业所没有的、根植于日本历史和文化的制造实力展现出来，体现在价值上。

4　毫不妥协的热情和执念

日本的制造哲学一直坚守"即使花费大量的时间和精力也要坚定做出完美品质"的价值观。这种热情和执念正是艺术思维的精髓之一。不满足于狠抓用户需求，而是认真探索制造的理想状态，从而为用户提供超出简单听取用户需求的、能带来更大感动的产品价值。

"我们每天都会比任何人更加认真地深入思考什么是理想的产品，这是我们的骄傲，也支持了我们能够实现这种价值创造的自信。"

这是前田育男的发言中深深打动笔者的一点。他似乎很难直接表达自己，但交流过程中说的一番话让笔者感受到了他的自信和骄傲："我们每天都会认真思考设计应该是什么样的，不停地自问自答，直到自己能够认同为止，绝不妥协。正因为有这样彻底的觉悟，才能做出超越用户和竞争企业设想的世界一流的设计。"

遗憾的是，笔者在与日本其他企业的技术人员和设计师交流时很少发出这样的感慨。而且像前田育男这样的技术人员每年都在减少。笔者最初写这本书也是因为想把来自前田育男的应援声传达给日本的制造企业。

当然，这种全身心的努力如果得不到结果，也是没有意义的，必须能够如愿带来超出用户设想的惊叹或感动。

半途而废、自我满足只会提高设计和生产的成本，进而导致最糟糕的结果，被批评为"不配合用户需求的自以为是""超出用户预期的加拉帕戈斯"。①

在 20 世纪 90 年代以后的日本，很多行业出现过这种现象。但是，就此放弃了只会面临更糟糕的局面。正如笔者数次强调的那样，从世界市场、用户动向的变化来看，日本的制造哲学很有可能重新获得好评。马自达 2010 年以后的努力就是一个佐证。

---

① 指无视世界上家电、IT 等行业的技术发展，独自开发一些功能、服务、制度等，结果却不被海外接受的状态，是一种嘲讽表达。——译者注

笔者希望能有更多的日本制造企业——哪怕不是所有的企业——树立艺术思维的目标。现在开始，为时未晚。企业必须培养、选拔能够引领艺术思维指导下的产品制造的 SEDA 人才，而日本企业有很大的潜力做到这一点。

参考文献・参考网址

・安達範久（2019）「マス・クラフツマンシップへの変革」『マツダ技報』No. 36

・Brown, Tim （2009）, *Change by Design Thinking Transforms Organizations and Inspires Innovation.* Harper Collins Publisher,（千葉敏生訳［2010］『デザイン思考が世界を変える』早川書房）

・Collins, James &Porras, Jerry（1994）, *Build to Last, Successful Habits of Visionary Companies*, New York, Curtis Brown Ltd（山岡洋一訳［1995］『ビジョナリーカンパニー』日経BP）

・片山修（2020）『豊田章男』東洋経済新報社

・Kahney, Leander（2013）, *Jony Ive: The Genius Behind Apple's Greatest Products*, Portfolio Penguin（関美和訳［2015］『ジョナサン・アイブ──偉大な製品を生み出すア

ップルの天才デザイナー』日経 BP）

　・河南順一（2020）『Think Disruption　アップルで学んだ
「破壊的イノベーション」の再現性』KADOKAWA

　・藤本隆宏（2004）『日本のもの造り哲学』日本経済新
聞出版

　・延岡健太郎（2011）『価値づくり経営の論理』日本経
済新聞出版

　——・高杉康成（2014）「生産財における真の顧客志
向」『一橋ビジネスレビュー』61 巻 4 号

　——・木村めぐみ・長内厚（2015）「デザイン価値の創
造——デザインとエンジニアリングの統合に向けて」『一橋
ビジネスレビュー』62 巻 4 号

　——・木村めぐみ（2016）「ビジネス・ケース　マツダ
デザイン——Car as Art」『一橋ビジネスレビュー』63 巻 4 号

　——（2017）「顧客価値の暗黙化」『一橋ビジネスレビ
ュー』64 巻 4 号

　——・松岡完（2018）「自動車の顧客価値——意味的価
値の変化動向と国際比較」『一橋ビジネスレビュー』66 巻
2 号

・前田育男（2018）『デザインが日本を変える——日本人の美意識を取り戻す』光文社新書

——・仲森智博〔2020)『相克のイデア——マツダよ、これからどこへ行く』日経 BP

・Pine Ⅱ, J.（1992）, *Mass Customization*, Harvard Business School Press, Boston, MA.（IBI 国際ビジネス研究センター訳［1994］『マス・カスタマイゼーション革命』日本能率協会マネジメントセンター）

・Schmitt, Bernd H.（1999）, *Experiential Marketing*: *How to Get Customers to Sense*, *Feel*, *Think*, *Act*, *Relate*, Free Press（嶋村和恵・広瀬盛一訳［2000］『経験価値マーケティング』ダイヤモンド社）

・takram design engineering（2014）『デザイン・イノベーションの振り子』LIXIL 出版

・タウト、ブルーノ（1962)『日本美の再発見』増補改訂版（篠田英雄訳）岩波新書

・山中浩之（2019)『マツダ　心を燃やす逆転の経営』日経 BP

・Snow, Charles P.（1963）*The Two Cultures and the Scien-*

tific Revolution, Cambridge University Press（松井巻之助訳［2011］『二つの文化と科学革命』みすず書房

・Verganti, Roberto（2017）*Overcrowded：Designing Meaningful Product in a World Awash with Ideas*, MIT Press, Cambridge（八重樫文・安西洋之監訳［2017］『突破するデザイン』日経 BP）

・AXIS Web Magazine（2019）https://www.axismag.jp/posts/2019/06/135123.html

・マツダホームページ（2020）https://www.mazda.co.jp/beadriver/dynamics/behindstory/01/

采访名单

（包括 2015 年以后与本书相关的所有接受采访的人员。
职务为采访当时担任的职务）

【董事】

金井诚太　董事长、会长

藤原清志　专务执行董事

毛笼胜弘　专务执行董事

前田育男　常务执行董事、设计与品牌负责人

【设计本部】

高桥笃博　副本部部长

中山雅　副本部部长兼首席设计师

土田康刚　首席设计师

柳泽亮　首席设计师

松田阳一　首席设计师

玉谷聪　首席设计师

冈本圭一　高级创意专家

野田和久　高级创意模型专家

浅野行治　首席建模师

寺田洋士　品牌风格统筹部主干

田中秀昭　品牌风格统筹部主干

【技术本部】

安达范久　本部部长

桥本昭　游览车/旅行汽车制作部部长

江草秀幸　游览车/旅行汽车制作部部长

【其他】

山本修弘　产品本部主查

梶山浩　产品本部产品企划部部长

松冈完　产品战略本部企划部主干

本桥真之　产品战略本部技术企划部部长

植松充　总部工厂主干

岛村肇　日本国内销售本部特约店管理部主干

贯名洋次　全球销售&市场本部品牌战略部部长

町田晃　宣传本部日本国内广告部部长

平英树　宣传本部全球广告企划部经理

东堂一义　（株）关西马自达董事长、社长

"精益制造"专家委员会

齐二石　天津大学教授（首席专家）

郑　力　清华大学教授（首席专家）

李从东　暨南大学教授（首席专家）

江志斌　上海交通大学教授（首席专家）

关田铁洪（日本）　原日本能率协会技术部部长（首席专家）

蒋维豪（中国台湾）　益友会专家委员会首席专家（首席专家）

李兆华（中国台湾）　知名丰田生产方式专家

鲁建厦　浙江工业大学教授

张顺堂　山东工商大学教授

许映秋　东南大学教授

张新敏　沈阳工业大学教授

蒋国璋　武汉科技大学教授

张绪柱　山东大学教授

李新凯　中国机械工程学会工业工程专业委会委员

屈　挺　暨南大学教授

肖　燕　重庆理工大学副教授

郭洪飞　暨南大学副教授

毛少华　广汽丰田汽车有限公司部长

金　光　广州汽车集团商贸有限公司高级主任

姜顺龙　中国商用飞机责任有限公司高级工程师

张文进　益友会上海分会会长、奥托立夫精益学院院长

邓红星　工场物流与供应链专家

高金华　益友会湖北分会首席专家、企网联合创始人

葛仙红　益友会宁波分会副会长、博格华纳精益学院院长

赵　勇　益友会胶东分会副会长、派克汉尼芬价值流经理

金　鸣　益友会副会长、上海大众动力总成有限公司高级经理

唐雪萍　益友会苏州分会会长、宜家工业精益专家

康　晓　施耐德电气精益智能制造专家

缪　武　益友会上海分会副会长、益友会/质友会会长

东方出版社

广州标杆精益企业管理有限公司

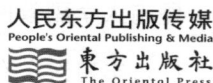

標杆精益®
BENCHMARK LEAN

人民东方出版传媒
People's Oriental Publishing & Media
东方出版社
The Oriental Press

东方出版社助力中国制造业升级

书　　名	ISBN	定　价
精益制造 001：5S 推进法	978－7－5207－2104－2	52 元
精益制造 002：生产计划	978－7－5207－2105－9	58 元
精益制造 003：不良品防止对策	978－7－5060－4204－8	32 元
精益制造 004：生产管理	978－7－5207－2106－6	58 元
精益制造 005：生产现场最优分析法	978－7－5060－4260－4	32 元
精益制造 006：标准时间管理	978－7－5060－4286－4	32 元
精益制造 007：现场改善	978－7－5060－4267－3	30 元
精益制造 008：丰田现场的人才培育	978－7－5060－4985－6	30 元
精益制造 009：库存管理	978－7－5207－2107－3	58 元
精益制造 010：采购管理	978－7－5060－5277－1	28 元
精益制造 011：TPM 推进法	978－7－5060－5967－1	28 元
精益制造 012：BOM 物料管理	978－7－5060－6013－4	36 元
精益制造 013：成本管理	978－7－5060－6029－5	30 元
精益制造 014：物流管理	978－7－5060－6028－8	32 元
精益制造 015：新工程管理	978－7－5060－6165－0	32 元
精益制造 016：工厂管理机制	978－7－5060－6289－3	32 元
精益制造 017：知识设计企业	978－7－5060－6347－0	38 元
精益制造 018：本田的造型设计哲学	978－7－5060－6520－7	26 元
精益制造 019：佳能单元式生产系统	978－7－5060－6669－3	36 元
精益制造 020：丰田可视化管理方式	978－7－5060－6670－9	26 元
精益制造 021：丰田现场管理方式	978－7－5060－6671－6	32 元
精益制造 022：零浪费丰田生产方式	978－7－5060－6672－3	36 元
精益制造 023：畅销品包装设计	978－7－5060－6795－9	36 元
精益制造 024：丰田细胞式生产	978－7－5060－7537－4	36 元
精益制造 025：经营者色彩基础	978－7－5060－7658－6	38 元
精益制造 026：TOC 工厂管理	978－7－5060－7851－1	28 元

书　　名	ISBN	定　价
精益制造027：工厂心理管理	978-7-5060-7907-5	38 元
精益制造028：工匠精神	978-7-5060-8257-0	36 元
精益制造029：现场管理	978-7-5060-8666-0	38 元
精益制造030：第四次工业革命	978-7-5060-8472-7	36 元
精益制造031：TQM 全面品质管理	978-7-5060-8932-6	36 元
精益制造032：丰田现场完全手册	978-7-5060-8951-7	46 元
精益制造033：工厂经营	978-7-5060-8962-3	38 元
精益制造034：现场安全管理	978-7-5060-8986-9	42 元
精益制造035：工业 4.0 之 3D 打印	978-7-5060-8995-1	49.8 元
精益制造036：SCM 供应链管理系统	978-7-5060-9159-6	38 元
精益制造037：成本减半	978-7-5060-9165-7	38 元
精益制造038：工业 4.0 之机器人与智能生产	978-7-5060-9220-3	38 元
精益制造039：生产管理系统构建	978-7-5060-9496-2	45 元
精益制造040：工厂长的生产现场改革	978-7-5060-9533-4	52 元
精益制造041：工厂改善的101 个要点	978-7-5060-9534-1	42 元
精益制造042：PDCA 精进法	978-7-5060-6122-3	42 元
精益制造043：PLM 产品生命周期管理	978-7-5060-9601-0	48 元
精益制造044：读故事洞悉丰田生产方式	978-7-5060-9791-8	58 元
精益制造045：零件减半	978-7-5060-9792-5	48 元
精益制造046：成为最强工厂	978-7-5060-9793-2	58 元
精益制造047：经营的原点	978-7-5060-8504-5	58 元
精益制造048：供应链经营入门	978-7-5060-8675-2	42 元
精益制造049：工业 4.0 之数字化车间	978-7-5060-9958-5	58 元
精益制造050：流的传承	978-7-5207-0055-9	58 元
精益制造051：丰田失败学	978-7-5207-0019-1	58 元
精益制造052：微改善	978-7-5207-0050-4	58 元
精益制造053：工业 4.0 之智能工厂	978-7-5207-0263-8	58 元
精益制造054：精益现场深速思考法	978-7-5207-0328-4	58 元
精益制造055：丰田生产方式的逆袭	978-7-5207-0473-1	58 元

书　名	ISBN	定　价
精益制造 056：库存管理实践	978-7-5207-0893-7	68 元
精益制造 057：物流全解	978-7-5207-0892-0	68 元
精益制造 058：现场改善秒懂秘籍　流动化	978-7-5207-1059-6	68 元
精益制造 059：现场改善秒懂秘籍　IE 七大工具	978-7-5207-1058-9	68 元
精益制造 060：现场改善秒懂秘籍　准备作业改善	978-7-5207-1082-4	68 元
精益制造 061：丰田生产方式导入与实践诀窍	978-7-5207-1164-7	68 元
精益制造 062：智能工厂体系	978-7-5207-1165-4	68 元
精益制造 063：丰田成本管理	978-7-5207-1507-2	58 元
精益制造 064：打造最强工厂的 48 个秘诀	978-7-5207-1544-7	88 元
精益制造 065、066：丰田生产方式的进化——精益管理的本源（上、下）	978-7-5207-1762-5	136 元
精益制造 067：智能材料与性能材料	978-7-5207-1872-1	68 元
精益制造 068：丰田式 5W1H 思考法	978-7-5207-2082-3	58 元
精益制造 069：丰田动线管理	978-7-5207-2132-5	58 元
精益制造 070：模块化设计	978-7-5207-2150-9	58 元
精益制造 071：提质降本产品开发	978-7-5207-2195-0	58 元
精益制造 072：这样开发设计世界顶级产品	978-7-5207-2196-7	78 元
精益制造 073：只做一件也能赚钱的工厂	978-7-5207-2336-7	58 元
精益制造 074：中小型工厂数字化改造	978-7-5207-2337-4	58 元
精益制造 075：制造业经营管理对标：过程管理（上）	978-7-5207-2516-3	58 元
精益制造 076：制造业经营管理对标：过程管理（下）	978-7-5207-2556-9	58 元
精益制造 077：制造业经营管理对标：职能管理（上）		
精益制造 078：制造业经营管理对标：职能管理（下）		
精益制造 079：工业爆品设计与研发	978-7-5207-2434-0	58 元
精益制造 080：挤进高利润医疗器械制造业	978-7-5207-2560-6	58 元
精益制造 081：用户价值感知力	978-7-5207-2561-3	58 元
精益制造 082：丰田日常管理板：用一张看板激发团队士气	978-7-5207-2688-7	68 元
精益制造 083：聚焦用户立场的改善：丰田式改善推进法	978-7-5207-2689-4	58 元

书 名	ISBN	定 价
精益制造 084：改善 4.0：用户主导时代的大规模定制方式	978-7-5207-2725-9	59 元

图字：01-2021-6679 号

ART SHIKO NO MONOZUKURI written by Kentaro Nobeoka

Copyright © 2021 by Kentaro Nobeoka. All rights reserved.

Originally published in Japan by Nikkei Business Publications, Inc.

Simplified Chinese translation rights arranged with Nikkei Business Publications, Inc.

through Hanhe International (HK) Co., Ltd.

图书在版编目（CIP）数据

艺术思维：让人心里一动的产品设计／（日）延冈健太郎 著；刘晓霞 译. —北京：东方出版社，2022.5
（精益制造；085）
ISBN 978-7-5207-2562-0

Ⅰ.①艺⋯ Ⅱ.①延⋯ ②刘⋯ Ⅲ.①汽车工业—产品设计—经验—日本 Ⅳ.①F431.364

中国版本图书馆 CIP 数据核字（2022）第 054258 号

精益制造 085：艺术思维：让人心里一动的产品设计
（JINGYI ZHIZAO 085：YISHU SIWEI：RANGREN XINLI YIDONG DE CHANPIN SHEJI）

作　者：［日］延冈健太郎
译　者：刘晓霞
责任编辑：崔雁行　吕媛媛
责任审校：曾庆全　金学勇
出　版：东方出版社
发　行：人民东方出版传媒有限公司
地　址：北京市西城区北三环中路 6 号
邮　编：100120
印　刷：嘉业印刷（天津）有限公司
版　次：2022 年 5 月第 1 版
印　次：2022 年 5 月第 1 次印刷
开　本：880 毫米×1230 毫米　1/32
印　张：7.875
字　数：125 千字
书　号：ISBN 978-7-5207-2562-0
定　价：58.00 元
发行电话：(010) 85924663　85924644　85924641